Gerd Stuckert

Rechtschreibstrategien

Bd. II

Neueste Rechtschreibung

7. - 10. Jahrgangsstufe

umweltfreundlich

auf chlorfreiem Papier

ISBN 978-3-89291-**593-5**

I. Grundvoraussetzungen zum richtigen Schreiben
1. Die häufigsten Wörter der deutschen Sprache
2. Zusammengesetzte Kleinwörter

II. Nachdenkwörter
1. Wörter mit doppeltem Mitlaut
2. Wörter mit ck oder tz
3. Wörter mit ie
4. Wörter mit ä oder äu
5. Wörter mit b, d, g oder h am Wortende

III. Merkwörter
1. Wörter mit Dehnungs-h und doppeltem Vokal (aa, ee, oo)
2. Wörter mit ss und ß
3. Wörter mit dem ks-Laut (x, chs, ks, cks, gs)
4. Meine Merkwörterliste

IV. Fremdwörter
1. Einführung
2. Aussprache, Schreibweise und Bedeutung von Fremdwörtern
3. Der i-Laut in Fremdwörtern
4. Fremdwörter mit V/v
5. Fremdwörter mit Y/y
6. Fremdwörter mit Ph/ph und Th/th
7. Wortbausteine am Wortanfang von Fremdwörtern
8. Die wichtigsten Endbausteine bei Fremdwörtern
9. Fremdwörter mit zwei Schreibweisen
10. Fremdwörter und ihre Bedeutung
11. Fremdwörter (Merkwörter)
12. Fremdwörter (Denk- und Merkwörter)

V. Wortbausteine erkennen und ganz ausschreiben
1. Wortstamm und Wortfamilie
2. Vorsilben und Kurzwörter
3. Nachsilben
4. Übersicht über Wortbausteine
5. Zusammengesetzte Wörter
6. Schwierige Nahtstellen bei abgeleiteten und zusammengesetzten Wörtern
7. Der Fugenbaustein
8. Mehrfachstrategien bei abgeleiteten und zusammengesetzten Wörtern

VI. Zur wirksamen Bekämpfung von Fehlern
1. Häufige Fehlerwörter
2. So verbessere ich richtig
3. Im Wörterbuch nachschlagen

VII. Übungstexte zu den Rechtschreibstrategien
1. Die Erde ist eine Kugel
2. Die Märtyrer-Lüge
3. Ausländer erwünscht
4. Immer mehr Waren „Made in China"
5. Fahrzeug oder Stehzeug?
6. Prüfungen gehören zum Leben

Rechtschreibstrategien 7.-10. Bd. I
Nr. 393 *108 Seiten* € 18,90

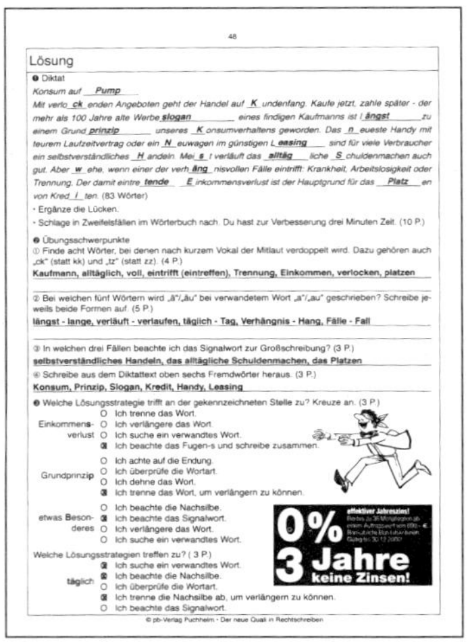

Vorbemerkungen
Inhaltsverzeichnis
Benotungstabellen

Einteilung der Wörter nach ihrer rechtschriftlichen Besonderheit
Häufige Fehlerwörter
Zum Aufbau eines Grundwortschatzes
Häufigkeitswörter-Liste
Wichtige Rechtschreibstrategien
Merkwörter-Liste (mit Fremdwörtern)
Mehrfachstrategien bei abgeleiteten und zusammengesetzten Wörtern

I. Teil
Diktate (Übungstexte)
1. Arbeiten rund um die Uhr
2. Urlaub im Weltraumhotel
3. Kinder ohne Zukunft
4. Jugendliche in der Schuldenfalle
5. Lernen will gelernt sein
6. Ein historischer Tag
7. Soll man Computerspiele verteufeln?
8. Konsum auf Pump
9. Traumjob gesucht
10. Rettet die Umwelt

II. Teil
Diktate (simulierte Prüfung)
1. Sturzhelm auch für Radfahrer?
2. Das grenzt an Unverschämtheit
3. Sich kranklachen für ein gesundes Leben
4. Das Vorstellungsgespräch
5. Wahlrecht für 16-Jährige

III. Teil
Weitere Diktate (Übungstexte)

Anhang
Wörter nachschlagen und trainieren
Unregelmäßige Verben
Wortfamilien häufiger Fehlerwörter
Grammatik: Grundbegriffe

Die neue Rechtschreibprüfung
Nr. 643 *81 Seiten* € 16,90

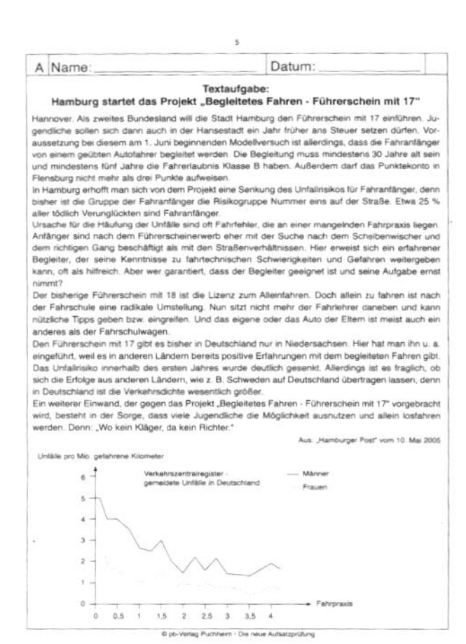

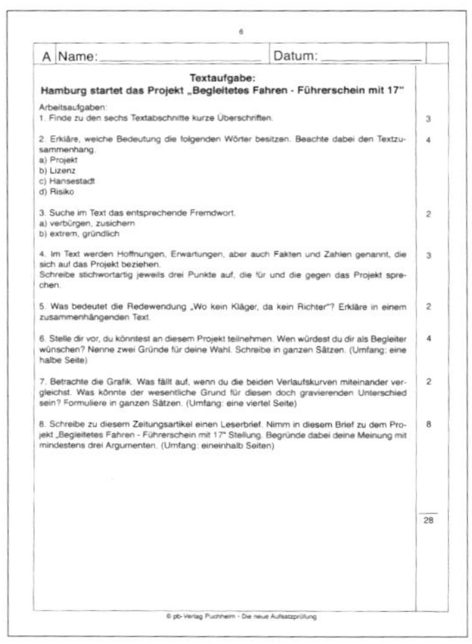

1. Textaufgabe: Hamburg startet das Projekt „Begleitetes Fahren - Führerschein mit 17"
2. Textaufgabe: Alkopops - ein harmloser Partyspaß?
3. Textaufgabe: Fernsehen - ein „Zeitkiller"?
4. Textaufgabe: Schön sein, fit sein, stark sein - ein neuer Kult
5. Textaufgabe: Ausbildungsabbruch, was nun?
6. Textaufgabe: Oje, die Jugend! Schon immer wird sie schlimmer
7. Textaufgabe: Knackige Bräune - ein Schönheitsideal wird zum Risiko
8. Textaufgabe: Lies! Mir! Vor!
9. Textaufgabe: Land ohne Leser
10. Textaufgabe: Energiesparen ist Umweltschutz
11. Textaufgabe: Arm, ärmer, Kind
12. Textaufgabe: Ohne Internet leben - geht das denn noch?

Die neue Aufsatzprüfung
Nr. 657 *75 Seiten* € 15,90

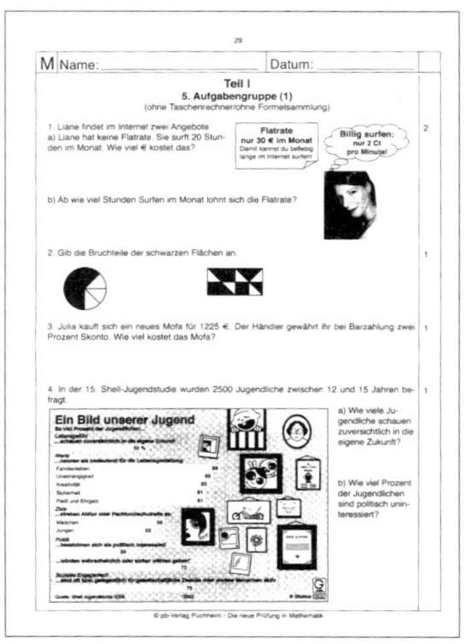

Inhaltsverzeichnis

1. Kapitel
Vorbemerkungen zur neuen Prüfung
Prüfungsaufgaben Teil I
mit Lösungen

2. Kapitel
Gesamtprüfungsaufgaben
aus Teil I und II
3 Prüfungen à 3 Aufgabengruppen
mit Lösungen

3. Kapitel
Mündliche Prüfung
9 Aufgabengruppen mit Lösungen

Die neue Mathematikprüfung
Nr. 658 *119 Seiten* € 18,90

pb verlag **Stand der Preise 2007 - Bitte beachten Sie unsere aktuelle Preisliste!** pb verlag

Vorwort

Am 1. August 2006 trat die neue deutsche Rechtschreibung in Kraft.
In dem neuen Regelwerk sind besonders Änderungen der **Getrennt- und Zusammenschreibung**, der **Groß- und Kleinschreibung**, der **Interpunktion** und der **Worttrennung** berücksichtigt. Um diese besonders in der Getrennt- und Zusammenschreibung komplexen Änderungsvorschläge besser zu verstehen und anwenden zu können, wird in dieser Broschüre ein effektives Übungsmaterial angeboten. In Form von Arbeitsblättern, Kartei- bzw. Stationskarten und Texten werden die Regeln zunächst einzeln an Beispielen erläutert und dann miteinander in Beziehung gebracht.

Es ist dem Autor bewusst, dass die Arbeitsblätter stofflich oft überladen und deshalb in einer Unterrichtsstunde nicht zu bewältigen sind. Bei der Gestaltung der Arbeitsblätter wurde berücksichtigt, dass das Kopierkontingent in den Schulen meist stark eingeschränkt wird. Deshalb sollte auf einem Arbeitsblatt eher mehr als weniger Übungsmaterial angeboten werden. Sinnvoll wäre wohl der Einsatz eines Arbeitsblattes sowohl in der Schule als auch als Hausaufgabe. Auch könnte ein Arbeitsblatt auf zwei Unterrichtseinheiten verteilt werden.

Neu ist der Versuch für rechtschriftliche Besonderheiten jeweils eine Kurzform(el) zu finden, die z. B. das Wesentliche einer Regel symbolisiert und sich somit leichter einprägen lässt.
Das Zeichen [V] [V] steht z. B. für die Regel: Wenn diese zwei Verben aufeinandertreffen, werden sie getrennt geschrieben (spazieren gehen).
[↑ | N] bedeutet: Ist bei einem zusammengesetzten Wort das zweite (oder letzte) Wort ein Nomen, dann wird es zusammen- und großgeschrieben.
Um die Zahl der Übungen steigern zu können, werden solche platzsparenden Zeichen gerne verwendet.

Die Seite 4 beinhaltet Symbole, Abkürzungen und Hinweise zu den Arbeitsaufgaben. Der Schüler soll mit diesen Hilfen - immer griffbereit in einer Sichthülle - gezielt arbeiten können.

Für Korrekturen oder weitere Anregungen ist der Verfasser dankbar.
Verlag und Verfasser hoffen, dass Sie mit diesen Materialien erfolgreich arbeiten können und Ihre Schüler - trotz schwierigem Stoff - dabei auch öfters ein bisschen besser durchblicken können.

Zeichen und Kürzel für Überlegungen zum richtigen Schreiben

Wähle einige aus, die du gut findest. Am besten legst du dir eine eigene Kürzelliste an.

Wörter und Wortbausteine

☐ = Wort
z. B. Ball, blau

☐☐ = zusg. Wort mit 2 Wörtern
z. B. Fußball, hellblau

☐☐☐ = zusg. Wort mit 3 Wörtern
z. B. Fußballspiel, schwarzrotgolden

[N] = Nomen [V] = Verb [A] = Adjektiv [Ad] = Adverb [P] = Partizip [Pr] = Präposition

☐☐ = Wort mit einer Vorsilbe, z. B. **ent**decken, **ver**brauchen, **Ur**wald, **Ge**setz, **un**genau

☐☐ = Wort mit einer Nachsilbe, z. B. Heiz**ung**, Frei**heit**, ruh**ig**, freund**lich**, streb**sam**

☐☐☐ = Wort mit zwei Nachsilben, z. B. Flüss**igkeit**, Fröh**lichkeit**, Ein**samkeit**

☐☐☐ = Wort mit einer Vor- und einer Nachsilbe, z. B. **Ent**fern**ung**, **un**frucht**bar**

☐☐ ↑ = Achte bei diesem zusammengesetzten Wort besonders auf die Nahtstelle, an der zwei gleichklingende oder gleiche Buchstaben aufeinandertreffen können.
- gleichklingend: Han**dt**uch, en**td**ecken
- gleich: Lau**bb**aum, ve**rr**eisen

Es können sogar drei Buchstaben sein: Sto**fff**ülle, Bre**nnn**essel, fe**ttt**riefend, schne**lll**ebig.

Groß- und Kleinschreibung

[↑] = Wort wird großgeschrieben, Wörter werden großgeschrieben

☐[↑] = Wort mit dieser Nachsilbe wird großgeschrieben, z. B. Gesund**heit**, Bitter**keit**, Prüf**ung**

[↓] = Wort wird kleingeschrieben, Wörter werden kleingeschrieben

☐[↓] = Wort mit dieser Nachsilbe wird kleingeschrieben, z.B. ruh**ig**, freund**lich**, frucht**bar**, lang**sam**

☐ ↗ [N] = Wort wird zu einem Nomen
[V] ↗ [N] = Verb wird zu einem Nomen
[A] ↗ [N] = Adjektiv wird zu einem Nomen

Zusammen- und Getrenntschreibung

❶ ☐☐ = Zusammengesetztes Wort, Wörter werden zusammengeschrieben.

[N|N] = Zusammengesetztes Wort besteht aus Nomen + Nomen, z. B. Haustür
[A|N] = Zusammengesetztes Wort besteht aus Adjektiv + Nomen, z. B. Süßstoff
[A|A] = Zusammengesetztes Wort besteht aus Adjektiv + Adjektiv, z. B. hellblau
[Ad|V] = Zusammengesetztes Wort besteht aus Adverb + Verb, z. B. zusammenkommen
[↑|N] = Grundwort ist ein Nomen. Deshalb wird das zusammengesetzte Wort großgeschrieben.
[↓|A] = Grundwort ist ein Adjektiv. Deshalb wird das zusammengesetzte Wort kleingeschrieben.

❷ ☐ ☐ = Getrenntschreibung, Wörter werden getrennt geschrieben.

☐ [V] = Wörterverbindung mit Verb als zweitem Bestandteil wird getrennt geschrieben, z. B. richtig schreiben

[V] [V] = Verbindung von Verb und Verb wird getrennt geschrieben, z. B. spazieren gehen

[N] [V] = Verbindung von Nomen und Verb wird getrennt geschrieben, z. B. Auto fahren

☐ [sein] = Verbindung mit sein (gewesen) wird getrennt geschrieben, z. B. da sein, fort sein, da gewesen, fort gewesen

❸ ☐☐ + ☐ ☐ = Wörterverbindung kann zusammen- und getrennt geschrieben werden. Es gibt in vielen Fällen zwei mögliche Schreibweisen.

Beispiele:
sitzen bleiben, aber auch sitzenbleiben (nicht vorrücken)
das hell erleuchtete Zimmer, aber auch das hellerleuchtete Zimmer
das getrennt geschriebene Wort, aber auch das getrenntgeschriebene Wort

Inhaltsverzeichnis

RS	Name: ______________________	Datum: ______________	

Nominalisierung (1)
Signalwörter machen andere Wörter zu Nomen

❶ Die Macht des Artikels - das Laufen, der Beste, das Du, das A und O

Der Artikel kann aus jedem Wort, das normalerweise kleingeschrieben wird, ein Nomen machen.
Das gilt sogar für einen einzelnen Buchstaben.
Kannst du richtig einsetzen?

> Signalwörter für die [↑]:
> der, die das
> des, dem, den
> ein, eine
> eines, einem, einen

d___ __ahlen an der Kasse
e_____ __och zieht auf
d___ __ürzeren ziehen
aus d___ __ollen schöpfen
vor d___ __ichts stehen
jedem d___ __eine
nicht d___ __eringste ist wahr
e______ __echs würfeln
ein __ für ein __ vormachen
d___ __ot der Ampel
d___ __esentliche erkennen
d___ __inzige, was zählt
d___ __uf und __b

D___ __essere ist ein Feind des __uten. D___ __leinen hängt man, d___ __roßen lässt man laufen. D___ __chöne ist, dass auch d___ __ute über d___ __öse siegen kann.

❷ Das Adjektiv als Signalwort - das laute Lachen, lautes Lachen

Zwischen Artikel und Nomen kann sich ein Adjektiv schieben.
Auch ein Adjektiv allein kann ein Wort zu einem Nomen machen.
Setze jeweils ein.

> Signalwörter für die [↑]:
>
> | Artikel | - Adjektiv | - Nomen |
> |---|---|---|
> | das | falsche | Parken |
> | eine | glatte | Eins |
>
> | Adjektiv | - | Nomen |
> |---|---|---|
> | schnelles | | Laufen |

der __achende __ritte, d___ __wige __in und __er __chnelles __andeln, __reches __rinsen, d___ __tändige __uf und __b, __ffektives __ernen

Beim Überholen ist e_____ ______________ __________ notwendig (schneller, fahren). Der Boxkampf endete mit e_______ _______________ _______ (schnell, aus).
Lieber e_____ ______________ _______ als e_____ ____________ _______ (schwach, vier, stark, fünf).

❸ Die Präposition als Signalwort - am Arbeiten, beim Lernen, im Allgemeinen

Auch durch Verhältniswörter, in denen meist ein Artikel steckt, können andere Wörter zu Nomen werden.
Schreibe zu jeder Präposition den in ihr enthaltenen Artikel in die Klammer und finde eine passende Wortgruppe dazu.

am = (an dem) nicht am Arbeiten hindern
ans = (____________) ______________________________
auf = ______________________________
aufs = (____________) ______________________________
beim = (____________) ______________________________
durchs = (____________) ______________________________
fürs = (____________) ______________________________
im = (____________) ______________________________
ins = (____________) ______________________________
ums = (____________) ______________________________
vom = (____________) ______________________________
zum = (____________) ______________________________

> Signalwörter für die [↑]:
> am (= an dem)
> ans (= an das)
> auf
> aufs (= auf das)
> beim (= bei dem)
> durchs (= durch das)
> fürs (= für das)
> im (= in dem)
> ins (= in das)
> mit
> ums (= um das)
> vom (= von dem)
> zum (= zu dem)

RS Name: ______________________ Datum: ______________________

Nominalisierung (1)
Signalwörter machen andere Wörter zu Nomen

❶ Die Macht des Artikels - das Laufen, der Beste, das Du, das A und O

Der Artikel kann aus jedem Wort, das normalerweise kleingeschrieben wird, ein Nomen machen.
Das gilt sogar für einen einzelnen Buchstaben.
Kannst du richtig einsetzen?

> Signalwörter für die [↑]:
> der, die das
> des, dem, den
> ein, eine
> eines, einem, einen

d**as** **Z**ahlen an der Kasse — e**in** **H**och zieht auf
d**en** **K**ürzeren ziehen — aus d**em** **V**ollen schöpfen
vor d**em** **N**ichts stehen — jedem d**as** **S**eine — nicht d**as** **G**eringste ist wahr
e**ine** **S**echs würfeln — ein **X** für ein **U** vormachen — d**as** **R**ot der Ampel
d**as** **W**esentliche erkennen — d**as** **E**inzige, was zählt — d**as** **A**uf und **A**b

D**as** **B**essere ist ein Feind des **G**uten. D**ie** **K**leinen hängt man, d**ie** **G**roßen lässt man laufen. D**as** **S**chöne ist, dass auch d**as** **G**ute über d**as** **B**öse siegen kann.

❷ Das Adjektiv als Signalwort - das laute Lachen, lautes Lachen

Zwischen Artikel und Nomen kann sich ein Adjektiv schieben.
Auch ein Adjektiv allein kann ein Wort zu einem Nomen machen.
Setze jeweils ein.

> Signalwörter für die [↑]:
>
> | Artikel | Adjektiv | Nomen |
> |---|---|---|
> | das | falsche | Parken |
> | eine | glatte | Eins |
> | | Adjektiv | Nomen |
> | | schnelles | Laufen |

der **l**achende **D**ritte, d**as** **e**wige **H**in und **H**er
schnelles **H**andeln, **f**reches **G**rinsen, d**as** **s**tändige **A**uf und **A**b, **e**ffektives **L**ernen

Beim Überholen ist e**in** **schnelleres** **Fahren** notwendig (schneller, fahren). Der Boxkampf endete mit e**inem** **schnellen** **Aus** (schnell, aus).
Lieber e**ine** **schwache** **Vier** als e**ine** **starke** **Fünf** (schwach, vier, stark, fünf).

❸ Die Präposition als Signalwort - am Arbeiten, beim Lernen, im Allgemeinen

Auch durch Verhältniswörter, in denen meist ein Artikel steckt, können andere Wörter zu Nomen werden.
Schreibe zu jeder Präposition den in ihr enthaltenen Artikel in die Klammer und finde eine passende Wortgruppe dazu.

Präposition	Artikel	Wortgruppe
am	= (an dem)	nicht am Arbeiten hindern
ans	= (**an das**)	**ans Schlafen denken**
auf	=	**auf Verlangen vorzeigen**
aufs	= (**auf das**)	**es aufs Neue versuchen**
beim	= (**bei dem**)	**beim Spielen die Zeit vergessen**
durchs	= (**durch das**)	**durchs Lärmen auffallen**
fürs	= (**für das**)	**fürs Erste genug haben**
im	= (**in dem**)	**im Dunklen tappen**
ins	= (**in das**)	**ins Rollen kommen**
ums	= (**um das**)	**ums Ganze gehen**
vom	= (**von dem**)	**vom Wandern zurückkommen**
zum	= (**zu dem**)	**zum Schwimmen gehen**

> Signalwörter für die [↑]:
> am (= an dem)
> ans (= an das)
> auf
> aufs (= auf das)
> beim (= bei dem)
> durchs (= durch das)
> fürs (= für das)
> im (= in dem)
> ins (= in das)
> mit
> ums (= um das)
> vom (= von dem)
> zum (= zu dem)

RS	Name: ______________________	Datum: ______________	

Nominalisierung (2)
Signalwörter machen andere Wörter zu Nomen

❹ Das Pronomen als Signalwort - sein Können, ihr lautes Lachen

Wörter werden wie Nomen gebraucht, wenn vor ihnen ein Pronomen (persönliches Fürwort) steht. Wie beim Artikel kann sich zwischen Pronomen und Nomen ein Adjektiv schieben.

Beispiele: mein Schweigen, dein Zögern, unser Handeln
dein ewiges Meckern, euer schlechtes Benehmen

> Signalwörter für die [↑] :
> mein, dein, sein
> unser, euer, ihr

Setze jeweils die Wörter der Klammer ein und unterstreiche das Signalwort.

Ich freue mich auf dein/sein/ihr früheres ________________ (kommen).

Du wirst dein _________ noch bereuen und mein _______ verstehen (nein, ja).

Unser fröhliches ________________ zeugte von der ____________ Stimmung (singen, gut).

Alles hat sein ___________ und __________ (wenn, aber).

Es war immer sein höchstes ________________, sein ____________ zu geben (streben, bestes).

❺ Das unbestimmte Zahlwort als Signalwort vor Adjektiven - nichts Neues

Unbestimmte Zahlwörter geben eine ungefähre Menge an. Sie können ein nachfolgendes Adjektiv zum Nomen machen, das dann die Endung „-es" oder „-e" erhält.

Setze in die Sätze jeweils ein Wortpaar ein, das aus einem unbestimmten Zahlwort (= Signalwort) und einem Adjektiv besteht. Es gibt manchmal mehrere Möglichkeiten.

> Signalwörter für die [↑] :
> alles, allerlei, einig(s), etwas, genug, kein, manches, nichts, viel, wenig

Signalwort		Adjektiv	Beispielsätze:
alles		brauchbar	Auf dem Flohmarkt fand ich ___allerlei___ ___Brauchbares___.
allerlei		erfreulich	Ich wünsche dir zum Geburtstag _________ ___________.
einige(s)		gut	Es ist _________ ____________________ passiert.
etwas		interessant	Das ist für mich ___________ ____________.
genug	+	jung	Dieser Ratgeber verweist auf _________ _______________.
kein		neu	Für ___________ _______________ war das zu schwierig.
manches		nützlich	Dieser Kerl hat ___________ _________________ getan.
nichts		schlecht	In der Politik gibt es __________ _______________.
viel		schnell	In diesem Vorlauf war _________ _________________ dabei.
wenig		unglaublich	Im Ausflug haben wir so _________ _________________ erlebt.

❻ Der gedankliche Artikel - Baden und Zelten verboten

Wörter werden nicht nur großgeschrieben, wenn ein Artikel davorsteht, sondern auch, wenn er dazugedacht werden kann. Setze jeweils ein, was fehlt und schreibe jeweils in die Klammer den dazugedachten Artikel und das Nomen.

R eden ist Silber, ___Schweigen___ ist Gold. (das Reden, das Schweigen)

__robieren geht über _______________. (_______________, _______________)

Um ___angenehmes zu vermeiden, ist __olgendes zu tun. (_______________, _______________)

Die Ampel schaltete von __elb auf _____________. (_____________, ___________________)

Wenn man _____warz mit __eiß mischt, entsteht __rau. (_____________, ___________, __________)

RS	Name: ______________________________	Datum: ____________________	

Nominalisierung (2)
Signalwörter machen andere Wörter zu Nomen

❹ Das Pronomen als Signalwort - sein Können, ihr lautes Lachen

Wörter werden wie Nomen gebraucht, wenn vor ihnen ein Pronomen (persönliches Fürwort) steht. Wie beim Artikel kann sich zwischen Pronomen und Nomen ein Adjektiv schieben.

Beispiele: mein Schweigen, dein Zögern, unser Handeln
dein ewiges Meckern, euer schlechtes Benehmen

> Signalwörter für die ↑ :
> mein, dein, sein
> unser, euer, ihr

Setze jeweils die Wörter der Klammer ein und unterstreiche das Signalwort.

Ich freue mich auf dein/sein/ihr früheres **Kommen** (kommen).
Du wirst dein **Nein** noch bereuen und mein **Ja** verstehen (nein, ja).
Unser fröhliches **Singen** zeugte von der **guten** Stimmung (singen, gut).
Alles hat sein **Wenn** und **Aber** (wenn, aber).
Es war immer sein höchstes **Streben**, sein **Bestes** zu geben (streben, bestes).

❺ Das unbestimmte Zahlwort als Signalwort vor Adjektiven - nichts Neues

Unbestimmte Zahlwörter geben eine ungefähre Menge an. Sie können ein nachfolgendes Adjektiv zum Nomen machen, das dann die Endung „-es“ oder „-e“ erhält.
Setze in die Sätze jeweils ein Wortpaar ein, das aus einem unbestimmten Zahlwort (= Signalwort) und einem Adjektiv besteht. Es gibt manchmal mehrere Möglichkeiten.

> Signalwörter für die ↑ :
> alles, allerlei, einig(s), etwas, genug, kein, manches, nichts, viel, wenig

Signalwort		Adjektiv	Beispielsätze:
alles		brauchbar	Auf dem Flohmarkt fand ich allerlei Brauchbares.
allerlei		erfreulich	Ich wünsche dir zum Geburtstag **alles Gute**.
einige(s)		gut	Es ist **etwas Unglaubliches** passiert.
etwas		interessant	Das ist für mich **nichts Neues**.
genug	+	jung	Dieser Ratgeber verweist auf **viel Nützliches**.
kein		neu	Für **einige Jüngere** war das zu schwierig.
manches		nützlich	Dieser Kerl hat **genug Schlechtes** getan.
nichts		schlecht	In der Politik gibt es **wenig Erfreuliches**.
viel		schnell	In diesem Vorlauf war **kein Schnellerer** dabei.
wenig		unglaublich	Im Ausflug haben wir so **manch Interessantes** erlebt.

❻ Der gedankliche Artikel - Baden und Zelten verboten

Wörter werden nicht nur großgeschrieben, wenn ein Artikel davorsteht, sondern auch, wenn er dazugedacht werden kann. Setze jeweils ein, was fehlt und schreibe jeweils in die Klammer den dazugedachten Artikel und das Nomen.

R eden ist Silber, Schweigen ist Gold. (das Reden, das Schweigen)
P robieren geht über **Studieren**. (**das Probieren**, **das Studieren**)
Um **Un** angenehmes zu vermeiden, ist **F** olgendes zu tun. (**das Unangenehme**, **das Folgende**)
Die Ampel schaltete von **G** elb auf **Rot / Grün**. (**dem Gelb**, **das Rot / Grün**)
Wenn man **Sch** warz mit **W** eiß mischt, entsteht **G** rau. (**das Schwarz**, **dem Weiß**, **das Grau**)

RS Name: ______________________ Datum: ______________

Nominalisierung (3)

Wörter, die selbst keine Nomen sind, können durch **Signalwörter** wie ein Nomen gebraucht werden. Diese Erhebung zum Nomen nennt man **Nominalisierung**.
Die folgende Tabelle hilft dir, den umfangreichen und manchmal schwierigen Sachverhalt besser in den Griff zu bekommen. Ergänze die Tabelle nach und nach mit nominalisierten Wörtern und trage diese, je nach Signalwort, entsprechend ein.

Signalwörter	vor einem Verb	vor einem Adjektiv	vor einer anderen Wortart
❶ **Artikel** der, die, das des, dem, den ein, eine eines, einem, einen	das Schreiben	der Beste, die Armen	der Sechser, eine Fünf würfeln
❷ **Adjektiv** nur Adjektive Artikel + Adjektiv	lautes Lachen	eine gutmütige Alte	ein klares Ja oder Nein
❸ **Präposition** (meist mit verstecktem Art.) am (= an dem), ans (= an das), auf, aufs (=auf das), beim (= bei dem), im (= in dem), ins (= in das), mit, durchs (= durch das), fürs (= für das), vom (= von dem), zum (= zu dem)	am/beim Arbeiten	sich im Klaren sein	im Abseits stehen
❹ **Pronomen** mein, dein, sein, unser, euer, ihr	dein Bummeln	mein Jüngster	Alles hat sein Wenn und Aber.
❺ **Numerale** **alles**, allerhand, allerlei, einiges, **etwas**, etliches, genug, kein, keinerlei, manch, manches, mancherlei, **nichts**, solch, solches, **viel**, vieles, vielerlei, **wenig**	kein Weinen	etwas Schönes	etwas/nichts Besonderes
❻ **Dazugedachter Artikel** (er kann gedanklich ergänzt werden)	(Das) Reden ist Silber, (das) Schweigen ist Gold.	Man hört Gutes und Schlechtes.	Hier ist Folgendes (das Folgende) zu beachten.

Signalwörter verursachen, dass ein nachfolgendes Wort zum Nomen und somit großgeschrieben wird. Präge dir solche Signalwörter gut ein. Sie helfen dir zu erkennen, dass ein Wort danach zum Nomen werden kann. In den meisten Fällen ist das Signalwort ein sichtbarer oder versteckter Artikel.

RS	Name:	Datum:

Nominalisierung (3)

Wörter, die selbst keine Nomen sind, können durch **Signalwörter** wie ein Nomen gebraucht werden. Diese Erhebung zum Nomen nennt man **Nominalisierung**.

Die folgende Tabelle hilft dir, den umfangreichen und manchmal schwierigen Sachverhalt besser in den Griff zu bekommen. Ergänze die Tabelle nach und nach mit nominalisierten Wörtern und trage diese, je nach Signalwort, entsprechend ein.

Signalwörter	vor einem Verb	vor einem Adjektiv	vor einer anderen Wortart
❶ **Artikel** der, die, das des, dem, den ein, eine eines, einem, einen	das Schreiben **das Lesen, ein Kommen und ein Gehen, das Erzählte, das Feiern**	der Beste, die Armen **das Alte, das Neue, das Gute, das Böse, den Kürzeren ziehen**	der Sechser, eine Fünf würfeln **das Für und Wider, das Besondere hervorheben, das Hier und Jetzt, ein X für ein U vormachen**
❷ **Adjektiv** nur Adjektive Artikel + Adjektiv	lautes Lachen **ein kurzes Überlegen, ein schnelles Rennen**	eine gutmütige Alte **das helle Blau, die nette Kleine, ein freigebiger Reicher**	ein klares Ja oder Nein **ein gewisses Etwas, das ständige Ah und Oh, ein ewiges Hin und Her, der lachende Dritte**
❸ **Präposition** (meist mit verstecktem Art.) am (= an dem), ans (= an das), auf, aufs (=auf das), beim (= bei dem), im (= in dem), ins (= in das), mit, durchs (= durch das), fürs (= für das), vom (= von dem), zum (= zu dem)	am/beim Arbeiten **mit Malen verbringen, beim Spielen fallen, auf Biegen und Brechen**	sich im Klaren sein **zum Besten geben, ins Reine bringen, im Großen und Ganzen**	im Abseits stehen **im Voraus erledigen, beim Du bleiben, am Ersten des Monats**
❹ **Pronomen** mein, dein, sein, unser, euer, ihr	dein Bummeln **sein Üben, unser Handeln, euer Streben, ihr Lachen**	mein Jüngster **sein Bestes geben, unser Klügster, unser Gescheitester**	Alles hat sein Wenn und Aber. **dein Durcheinander, sein Ich**
❺ **Numerale** **alles**, allerhand, allerlei, einiges, **etwas**, etliches, genug, kein, keinerlei, manch, manches, mancherlei, **nichts**, solch, solches, **viel**, vieles, vielerlei, **wenig**	kein Weinen **alles Zureden, manches Zweifeln,**	etwas Schönes **wenig Neues, alles Mögliche, allerlei Nützliches, nichts Gutes**	etwas/nichts Besonderes **Es gibt kein Übermorgen. allerlei Für und Wider, alles Bisherige**
❻ **Dazugedachter Artikel** (er kann gedanklich ergänzt werden)	(Das) Reden ist Silber, (das) Schweigen ist Gold. **Baden und Zelten verboten.**	Man hört Gutes und Schlechtes. **Jung(e) und Alt(e)**	Hier ist Folgendes zu beachten. **Wer A sagt, muss auch B sagen. Die Ampel schaltete auf Rot.**

Signalwörter verursachen, dass ein nachfolgendes Wort zum Nomen und somit großgeschrieben wird. Präge dir solche Signalwörter gut ein. Sie helfen dir zu erkennen, dass ein Wort danach zum Nomen werden kann. In den meisten Fällen ist das Signalwort ein sichtbarer oder versteckter Artikel.

RS Name: ______________________ Datum: ______________

Nomen in festen Verbindungen

❶ Feste Verbindungen von Nomen und Verb - Auto fahren, Anteil nehmen

Bilde jeweils aus den beiden Kästchen eine feste Verbindung von Nomen und Verb und schreibe diese nochmals in einer passenden Wortgruppe daneben.

Nomen		Verb	
~~Bankrott~~		lesen	Bankrott machen; trotz Sparmaßnahmen Bankrott machen
Ski		haben/bekommen	______________________
Maschine		leiden	______________________
Angst		stehen	______________________
Rad	+	laufen	______________________
Not		~~machen~~	______________________
Zeitung		fahren	______________________
Schlange		haben/bekommen	______________________
Schuld		schreiben	______________________

❷ Feste Verbindungen von Präposition und Nomen - im Grunde, zur Seite

in Bezug auf — in Bezug auf deine Meinung

in Anbetracht ______________________

auf Abruf ______________________

zur Hand, zu Händen von ______________________

im Hinblick auf ______________________

in Hinsicht auf ______________________

in Not, in Nöten sein ______________________

zur Not ______________________

❸ Feste Verbindungen von Präposition, Nomen und Verb - außer Acht lassen

Kannst du folgende Nomen einsetzen und dazu eine passende Wortgruppe oder einen Satz finden.

Acht - Berge - Betracht - Ende - Hilfe - Gang - Kauf - Seite

sich in _Acht_ nehmen — bei einer drohenden Gefahr sich in Acht nehmen

außer ________ lassen ______________________

zu ____________ stehen ______________________

in ____________ kommen ______________________

zu __________ bringen/gehen ______________________

zu _________ eilen/kommen ______________________

in __________ nehmen ______________________

in __________ setzen/kommen ______________________

zur ___________ gehen/stehen ______________________

❹ Feste Verbindungen mit zwei möglichen Schreibweisen - auf Grund/aufgrund

Füge jeweils noch die fehlende Schreibweise hinzu.

Grund: _zugrunde gehen_ zu Grunde gehen

Gunst: zugunsten ______________________

Haus: ______________________ nach Haus(e)

Haus: zuhause ______________________

Hilfe: mithilfe ______________________

Last: ______________________ zu Lasten

Leid: zuleide tun ______________________

Seite: aufseiten ______________________

Stand: ______________________ außer Stande sein

Stand: ______________________ in Stand setzen

Stelle: anstelle ______________________

Tag: ______________________ zu Tage fördern

RS Name: ______________________ Datum: ______________

Nomen in festen Verbindungen

❶ Feste Verbindungen von Nomen und Verb - Auto fahren, Anteil nehmen

Bilde jeweils aus den beiden Kästchen eine feste Verbindung von Nomen und Verb und schreibe diese nochmals in einer passenden Wortgruppe daneben.

Nomen		Verb	Wortgruppe
~~Bankrott~~		lesen	Bankrott machen; trotz Sparmaßnahmen Bankrott machen
Ski		haben/bekommen	**Ski laufen; lieber Ski laufen als eislaufen**
Maschine		leiden	**Maschine schreiben; sauber mit Maschine schreiben**
Angst		stehen	**Angst haben/bekommen; im Dunklen Angst haben**
Rad	+	laufen	**Not leiden; helfen, um nicht Not leiden zu müssen**
Not		~~machen~~	**Zeitung lesen; am Abend noch Zeitung lesen**
Zeitung		fahren	**Schlange stehen; an der Kasse Schlange stehen**
Schlange		haben/bekommen	**Rad fahren; Rad fahren ist gesund.**
Schuld		schreiben	**Schuld haben/bekommen; am Unfall Schuld haben**

❷ Feste Verbindungen von Präposition und Nomen - im Grunde, zur Seite

in Bezug auf	in Bezug auf deine Meinung
in Anbetracht	**in Anbetracht der Tatsache, dass du keine Ahnung hast, ...**
auf Abruf	**den Wohnzimmerschrank auf Abruf bestellen**
zur Hand, zu Händen von	**ein Schreiben zu Händen von Herrn Bauer schicken**
im Hinblick auf	**im Hinblick auf deine besonderen Schwierigkeiten**
in Hinsicht auf	**in Hinsicht auf die gefährliche Situation**
in Not, in Nöten sein	**Man sollte Menschen in Not helfen.**
zur Not	**Zur Not geht das auch.**

❸ Feste Verbindungen von Präposition, Nomen und Verb - außer Acht lassen

Kannst du folgende Nomen einsetzen und dazu eine passende Wortgruppe oder einen Satz finden.

Acht - Berge - Betracht - Ende - Hilfe - Gang - Kauf - Seite

sich in Acht nehmen	bei einer drohenden Gefahr sich in Acht nehmen
außer **Acht** lassen	**die Regeln nicht außer Acht lassen**
zu **Berge** stehen	**Da stehen ja einem die Haare zu Berge!**
in **Betracht** kommen	**als Täter nicht in Betracht kommen**
zu **Ende** bringen/gehen	**Wann gehen die Sommerferien zu Ende?**
zu **Hilfe** eilen/kommen	**den Notleidenden zu Hilfe kommen**
in **Kauf** nehmen	**Er musste bestimmte Nachteile in Kauf nehmen.**
in **Gang** setzen/kommen	**das Vorhaben in Gang setzen**
zur **Seite** gehen/stehen	**auch in schlechten Zeiten zur Seite stehen**

❹ Feste Verbindungen mit zwei möglichen Schreibweisen - auf Grund/aufgrund

Füge jeweils noch die fehlende Schreibweise hinzu.

Grund: zugrunde gehen — zu Grunde gehen	Leid: zuleide tun — **zu Leide tun**
Gunst: zugunsten — **zu Gunsten**	Seite: aufseiten — **auf Seiten**
Haus: **nachhause** — nach Haus(e)	Stand: **außerstande sein** — außer Stande sein
Haus: zuhause — **zu Hause**	Stand: **instand setzen** — in Stand setzen
Hilfe: mithilfe — **mit Hilfe**	Stelle: anstelle — **an Stelle**
Last: **zulasten** — zu Lasten	Tag: **zutage fördern** — zu Tage fördern

RS	Name:	Datum:

Großschreibung von Nomen

Mehrteilige Eigennamen - Karl der Große, der Stille Ozean, der Bayerische Wald

Mehrteilige Eigennamen bezeichnen etwas **Einmaliges**. Dazu gehören bestimmte einzelne Personen, Objekte oder Ereignisse.

Das gibt es nur einmal:	Das gibt es öfter:
Karl der Große	ein großer Mann, der Karl heißt
der Stille Ozean	ein stilles Wasser, z. B. ein kleiner, ruhiger See
der Bayerische Wald	bayerische Wälder (alle Wälder in Bayern)
das Weiße Haus (in Washington)	weiße Häuser gibt es überall

Trage die Eigennamen, die in dem Kästchen stehen, entsprechend in die Tabelle unten ein.

Indischer Ozean - das Deutsche Rote Kreuz - Heiliger Abend - der Erste und Zweite Weltkrieg - Alter Markt - der Alte Fritz - die Rote Beete - Schwäbische Alb - der Erste Mai - Blauer Enzian - Zweites Deutsches Fernsehen (ZDF) - das Römische Weltreich - die Chinesische Mauer - Rotes Meer - Holbein der Jüngere - der Schiefe Turm (von Pisa) - die Deutsche Bundesbahn (DB) - der Weiße Sonntag - das Weiße Haus - der Kalte Krieg - der Deutsche Schäferhund - die Hohe Gasse - am Roten Tor - Otto der Große

Personennamen	geografische Namen	Organisat./Institutionen	Objekte/Bauwerke

Straßen/Plätze	Geschichte	Artenbez./Tiere/Pflanzen	Kalendertage

In mehrteiligen Eigennamen kommt zu dem Nomen oft noch ein Adjektiv hinzu, das dann großgeschrieben wird, da es ein Bestandteil des Eigennamens ist. Artikel, Präpositionen und Konjunktionen werden kleingeschrieben.

Herkunftsbezeichnungen - der Kölner Dom, das Münch(e)ner Oktoberfest

Findest du zehn bekannte Wortpaare, die auf eine Herkunft verweisen?

Tirol	Käse
Leipzig	Schnitzel
Schweiz	Berge
Wien	Hafen
Meißen	Messe
Hamburg	Porzellan
Ulm	Tor
Dresden	Nockerl
Salzburg	Frauenkirche
Brandenburg	Münster

Herkunftsbezeichnungen auf -er sind von einem Nomen abgeleitet. Man schreibt sie deshalb groß.

RS Name: ______________________ Datum: ______________

Großschreibung von Nomen

Mehrteilige Eigennamen - Karl der Große, der Stille Ozean, der Bayerische Wald

Mehrteilige Eigennamen bezeichnen etwas **Einmaliges**. Dazu gehören bestimmte einzelne Personen, Objekte oder Ereignisse.

Das gibt es nur einmal:	Das gibt es öfter:
Karl der Große	ein großer Mann, der Karl heißt
der Stille Ozean	ein stilles Wasser, z. B. ein kleiner, ruhiger See
der Bayerische Wald	bayerische Wälder (alle Wälder in Bayern)
das Weiße Haus (in Washington)	weiße Häuser gibt es überall

Trage die Eigennamen, die in dem Kästchen stehen, entsprechend in die Tabelle unten ein.

Indischer Ozean - das Deutsche Rote Kreuz - Heiliger Abend - der Erste und Zweite Weltkrieg - Alter Markt - der Alte Fritz - die Rote Beete - Schwäbische Alb - der Erste Mai - Blauer Enzian - Zweites Deutsches Fernsehen (ZDF) - das Römische Weltreich - die Chinesische Mauer - Rotes Meer - Holbein der Jüngere - der Schiefe Turm (von Pisa) - die Deutsche Bundesbahn (DB) - der Weiße Sonntag - das Weiße Haus - der Kalte Krieg - der Deutsche Schäferhund - die Hohe Gasse - am Roten Tor - Otto der Große

Personennamen	geografische Namen	Organisat./Institutionen	Objekte/Bauwerke
Der Alte Fritz	**Indischer Ozean**	**das D. Rote Kreuz**	**die Chin. Mauer**
Holbein der Jüng.	**Schwäbische Alb**	**Zweites D. Fernsehen**	**der Schiefe Turm**
Otto der Große	**Rotes Meer**	**die D. Bundesbahn**	**das Weiße Haus**

Straßen/Plätze	Geschichte	Artenbez./Tiere/Pflanzen	Kalendertage
Alter Markt	**der Erste/Zweite Weltk.**	**die Rote Beete**	**Heiliger Abend**
die Hohe Gasse	**das Römische Weltreich**	**Blauer Enzian**	**der Erste Mai**
am Roten Tor	**der Kalte Krieg**	**der D. Schäferhund**	**der Weiße Sonntag**

In mehrteiligen Eigennamen kommt zu dem Nomen oft noch ein Adjektiv hinzu, das dann großgeschrieben wird, da es ein Bestandteil des Eigennamens ist. Artikel, Präpositionen und Konjunktionen werden kleingeschrieben.

Herkunftsbezeichnungen - der Kölner Dom, das Münch(e)ner Oktoberfest

Findest du zehn bekannte Wortpaare, die auf eine Herkunft verweisen?

Tirol	Käse
Leipzig	Schnitzel
Schweiz	Berge
Wien	Hafen
Meißen	Messe
Hamburg	Porzellan
Ulm	Tor
Dresden	Nockerl
Salzburg	Frauenkirche
Brandenburg	Münster

Tiroler Berge, Leipziger Messe, Schweizer Käse, Wiener Schnitzel, Meißner Porzellan, Hamburger Hafen, Ulmer Münster, Dresdner Frauenkirche, Salzburger Nockerl, Brandenburger Tor

Herkunftsbezeichnungen auf -er sind von einem Nomen abgeleitet. Man schreibt sie deshalb groß.

RS	Name: ______________________	Datum: ______________

Kleinschreibung (1)

❶ Bezug auf ein Nomen - von allen Läufern der schnellste, der schnellste von allen Läufern

Wörter, die sich auf ein **vorausgegangenes** oder **nachfolgendes Nomen** beziehen, schreibt man klein - auch wenn sie einen Begleiter haben. Denke dir an der betreffenden Stelle das fehlende Nomen hinzu.

Fünf Läufer erreichten das Ziel, der sechste (Läufer) stürzte (= Beziehung auf ein **vorausgehendes Nomen**).
Marc ist das jüngste (Kind) der vier Kinder (= Beziehung auf ein **nachfolgendes Nomen**).

Setze jeweils die Wörter der Klammer ein und versuche einen weiteren Beispielsatz zu finden.
Vor dem Haus spielten viele Kinder, die ______________ im Sandkasten, die ______________ Fußball (klein, größer). Von den elf Spielern war die Nummer 8 eindeutig der ______________ (beste).

____

____

Er war der ______________ von allen Teilnehmern (älteste). Die ______________ sind nicht immer die erfolgreichsten Schüler (ehrgeizig).

____

____

❷ Adverbien bei Zeitangaben - heute, abends, montags

Markiere den Kreis vor dem Adverb, das dir wichtig erscheint.

O heute	O abends	O montags	O jahrelang	O jahraus
O morgen	O mittags	O mittwochs	O tagelang	O jahrein
O gestern	O morgens	O samstagabends	O monatelang	O jederzeit
O vorgestern	O vormittags	O sonntagabends	O stundenland	O allzeit
O übermorgen	O nachts	O freitagvormittags	O tagsüber	O beizeiten

Zeitangaben in Form eines Adverbs schreibt man klein. Du erkennst sie oft am „s“ am Wortende.

Auch die folgenden Wörter mit „s“ am Wortende werden kleingeschrieben:
anfangs, abseits, angesichts, falls, mangels, mittels, namens, seitens, teils ... teils

❸ Abgeleitete Adjektive auf „-isch“ und „-sch“ - französischer Käse, ohmsches Gesetz

Finde jeweils das von Personen-, Orts- und Ländernamen angeleitete Adjektiv und bild ein Wortpaar mit Nomen und zugehörigem Adjektiv.

Bayern		Evolutionstheorie	bayerische Knödel
Darwin		Knödel	darwinsche Evolutionstheorie
Indien		Nudeln	______________
Schiller		Märchen	______________
Italien	+	Tee	______________
England		Essen	______________
Grimm		Gedichte	______________
China		Sprache	______________

Herkunftsbezeichnungen auf „**-isch**“ und „**-sch**“ sind abgeleitete Adjektive und werden deshalb **kleingeschrieben**.

RS	Name: ______________________	Datum: ______________________

Kleinschreibung (1)

❶ Bezug auf ein Nomen - von allen Läufern der schnellste, der schnellste von allen Läufern

Wörter, die sich auf ein **vorausgegangenes** oder **nachfolgendes Nomen** beziehen, schreibt man klein - auch wenn sie einen Begleiter haben. Denke dir an der betreffenden Stelle das fehlende Nomen hinzu.

Fünf Läufer erreichten das Ziel, der sechste (Läufer) stürzte (= Beziehung auf ein **vorausgehendes Nomen**).
Marc ist das jüngste (Kind) der vier Kinder (= Beziehung auf ein **nachfolgendes Nomen**).

Setze jeweils die Wörter der Klammer ein und versuche einen weiteren Beispielsatz zu finden.

Vor dem Haus spielten viele Kinder, die **kleinen** im Sandkasten, die **größeren** Fußball (klein, größer). Von den elf Spielern war die Nummer 8 eindeutig der **beste** (beste).

Von diesen Bergen ist der höchste 150 Meter höher als der zweithöchste.

Er war der **älteste** von allen Teilnehmern (älteste). Die **ehrgeizigsten** sind nicht immer die erfolgreichsten Schüler (ehrgeizig).

Die teuersten sind noch lange nicht die besten Handwerker.

❷ Adverbien bei Zeitangaben - heute, abends, montags

Markiere den Kreis vor dem Adverb, das dir wichtig erscheint.

⊗ heute	⊗ abends	⊗ montags	O jahrelang	O jahraus
⊗ morgen	⊗ mittags	O mittwochs	⊗ tagelang	O jahrein
⊗ gestern	⊗ morgens	O samstagabends	O monatelang	⊗ jederzeit
⊗ vorgestern	⊗ vormittags	O sonntagabends	O stundenland	O allzeit
⊗ übermorgen	⊗ nachts	O freitagvormittags	O tagsüber	O beizeiten

Zeitangaben in Form eines Adverbs schreibt man klein. Du erkennst sie oft am „s“ am Wortende.

Auch die folgenden Wörter mit „s“ am Wortende werden kleingeschrieben:
anfangs, abseits, angesichts, falls, mangels, mittels, namens, seitens, teils ... teils

❸ Abgeleitete Adjektive auf „-isch“ und „-sch“ - französischer Käse, ohmsches Gesetz

Finde jeweils das von Personen-, Orts- und Ländernamen angeleitete Adjektiv und bild ein Wortpaar mit Nomen und zugehörigem Adjektiv.

Namen	+	Nomen	Wortpaar
Bayern		Evolutionstheorie	bayerische Knödel
Darwin		Knödel	darwinsche Evolutionstheorie
Indien		Nudeln	**indischer Tee**
Schiller		Märchen	**die schillerschen Gedichte**
Italien	+	Tee	**italienische Nudeln**
England		Essen	**die englische Sprache**
Grimm		Gedichte	**die grimmschen Märchen**
China		Sprache	**das chinesische Essen**

Herkunftsbezeichnungen auf „**-isch**“ und „**-sch**“ sind abgeleitete Adjektive und werden deshalb **kleingeschrieben**.

RS Name: ______________________ Datum: ________________

Kleinschreibung (2)

❶ Unbestimmte Zahlwörter meist mit Kleinschreibung - der eine und der andere

Folgende vier unbestimmte Zahlwörter mit all ihren Formen werden meist kleingeschrieben. Sie können aber auch großgeschrieben werden, wenn der Charakter eines Nomens gegeben ist.
Beispiel: Auf der Suche nach dem anderen oder Anderen (= nach einer neuen Welt) sein.
Da aber die Kleinschreibung überwiegt und niemals falsch ist, wird im Folgenden hauptsächlich die **Kleinschreibung** berücksichtigt.

- **andere:** der/die/das andere, die/alle anderen, alles andere, etwas/nichts anderes, niemand anders
- **eine:** der/die/das eine, der eine und der andere, die einen und die anderen
- **viel:** viel - mehr - am meisten, das viele, vieles, die vielen, das meiste, die meisten
- **wenig:** wenig - weniger - am wenigsten, das wenige/wenigste, die wenigen/wenigeren/wenigsten

Merke dir mit einer Eselsbrücke diese Wörter:
Die **einen** brauchen **vieles**, die **anderen** nur **weniges**.

❷ Nur Kleinschreibung möglich - die beiden, ein bisschen, ein paar

Diese drei Zahlwörter dürfen **nur kleingeschrieben** werden.

- beide, die beiden, einer von beiden, wir beide. Habt ________ ___________ schon gegessen?
- ein bisschen (ein wenig), dieses kleine bisschen. Ich bräuchte noch _______ ____________ Geld.
- ein paar (einige). Es kamen nur _____ ___________ Leute.

☞ **paar ≠ ein Paar** (Schuhe)

Setze jeweils die Wörter der Klammer ein.
Die _________ standen nur herum, die ________________ arbeiteten (eine, andere). Die _____________ gaben auf, nur _________________ hielten durch (meist, wenig). Hast du die _____________ gesehen oder nur den _____________ (beide, einen). Nur die ________________ glauben daran, die _________-________ lachen darüber (wenig, meist). Komm ein _________________ näher (bisschen)! Ein ________ Leute machten viel Lärm, die ____________ schrien, die ________________ pfiffen (paar, eine, andere). Er hat von den _____________ das _____________ gewusst (beide, meist). Er hat in _______________ Recht/recht (viel). Alles _________________ ist mir egal (andere).

❸ Kleinschreibung bei der persönlichen Anrede „du“ und „dein“

„Hast du **dein** Geld schon ausgegeben?“ „Jetzt müsst _____________ aber beeilen.“ (ihr, euch)
„Bist _____________ deiner Sache wirklich so sicher?“ (du, dir)
„Da werdet _____________ über euer gewonnenes Spiel ja sehr freuen.“ (ihr, euch)

Eigene Beispiele: ____

____

Die persönlichen Anredepronomen „**du**“ und „**dein**“ werden in allen Formen (**dir, ihr, euer, euch**) kleingeschrieben. Bei **Briefen** jedoch ist auch Großschreibung möglich.

Liebe Gisela,
aus meinem Urlaub möchte ich __________ und __________ Eltern ganz herzlich grüßen. Hast __________ Deinen/deinen Koffer schon gepackt, da Ihr/ihr ja auch diese Woche nach Spanien fliegen wollt? Ich wünsche __________ schöne Ferien ...
Herzlichst __________ Marc

RS Name: ______________________ Datum: ______________

Kleinschreibung (2)

❶ Unbestimmte Zahlwörter meist mit Kleinschreibung - der eine und der andere

Folgende vier unbestimmte Zahlwörter mit all ihren Formen werden meist kleingeschrieben. Sie können aber auch großgeschrieben werden, wenn der Charakter eines Nomens gegeben ist.
Beispiel: Auf der Suche nach dem anderen oder Anderen (= nach einer neuen Welt) sein.
Da aber die Kleinschreibung überwiegt und niemals falsch ist, wird im Folgenden hauptsächlich die **Kleinschreibung** berücksichtigt.

- **andere:** der/die/das andere, die/alle anderen, alles andere, etwas/nichts anderes, niemand anders
- **eine:** der/die/das eine, der eine und der andere, die einen und die anderen
- **viel:** viel - mehr - am meisten, das viele, vieles, die vielen, das meiste, die meisten
- **wenig:** wenig - weniger - am wenigsten, das wenige/wenigste, die wenigen/wenigeren/wenigsten

Merke dir mit einer Eselsbrücke diese Wörter:
Die **einen** brauchen **vieles**, die **anderen** nur **weniges**.

❷ Nur Kleinschreibung möglich - die beiden, ein bisschen, ein paar

Diese drei Zahlwörter dürfen **nur kleingeschrieben** werden.

- beide, die beiden, einer von beiden, wir beide. Habt **ihr** **beide** schon gegessen?
- ein bisschen (ein wenig), dieses kleine bisschen. Ich bräuchte noch **ein** **bisschen** Geld.
- ein paar (einige). Es kamen nur **ein** **paar** Leute.

☞ **paar ≠ ein Paar** (Schuhe)

Setze jeweils die Wörter der Klammer ein.
Die **einen** standen nur herum, die **anderen** arbeiteten (eine, andere). Die **meisten** gaben auf, nur **wenige** hielten durch (meist, wenig). Hast du die **beiden** gesehen oder nur den **einen** (beide, einen). Nur die **wenigsten** glauben daran, die **meis-ten** lachen darüber (wenig, meist). Komm ein **bisschen** näher (bisschen)! Ein **paar** Leute machten viel Lärm, die **einen** schrien, die **anderen** pfiffen (paar, eine, andere). Er hat von den **beiden** das **meiste** gewusst (beide, meist). Er hat in **vielem** Recht/recht (viel). Alles **andere** ist mir egal (andere).

❸ Kleinschreibung bei der persönlichen Anrede „du" und „dein"

„Hast du **dein** Geld schon ausgegeben?" „Jetzt müsst **ihr euch** aber beeilen." (ihr, euch)
„Bist **du dir** deiner Sache wirklich so sicher?" (du, dir)
„Da werdet **ihr euch** über euer gewonnenes Spiel ja sehr freuen." (ihr, euch)

Eigene Beispiele: ______________________________

____

> Die persönlichen Anredepronomen **„du"** und **„dein"** werden in allen Formen (**dir, ihr, euer, euch**) kleingeschrieben. Bei **Briefen** jedoch ist auch Großschreibung möglich.

Liebe Gisela,
aus meinem Urlaub möchte ich **Dich/dich** *und* **Deine/deine** *Eltern ganz herzlich grüßen. Hast* **Du/du** *Deinen/deinen Koffer schon gepackt, da Ihr/ihr ja auch diese Woche nach Spanien fliegen wollt? Ich wünsche* **Euch/euch** *schöne Ferien …*
Herzlichst **Dein** *Marc*

RS	Name: ______________________	Datum: ______________

Groß- oder Kleinschreibung

❶ Es gibt einige Nomen, die in Verbindung mit Verben als **Nomen** oder als **Adjektiv** gebraucht werden.

Angst, Bange, Feind, Freund, Gram, Klasse, Leid, Pleite, Recht, Schuld, Spitze, Unrecht, Wert

In Verbindung mit den Verben **sein**, **bleiben**, **werden** werden diese Nomen wie ein **Adjektiv** gebraucht und deshalb kleingeschrieben, z. B. schuld sein, bange werden.
In Verbindung mit anderen Verben schreibt man diese Wörter groß, z. B. Angst bekommen, Schuld haben.

Bilde mit den Nomen oben jeweils Wortgruppen, von denen du meinst, dass sie öfter vorkommen.

Verbindungen mit sein, bleiben, werden	Verbindungen mit haben, legen (be)halten, bekommen, machen
	aber: pleitegehen, leidtun

☞ **Zwei Schreibweisen:**
Recht/recht und Unrecht/unrecht mit Verben wie **haben**, **behalten**, **bekommen**, **geben**, **tun**.
Ich gebe dir Recht/recht. Du tust ihm Unrecht/unrecht. Dieser Mann hat Recht/recht.

Setze jeweils ein:

- Angst, angst: im Keller ____________ haben; mir wird ____________; ____________ bekommen
- Bange, bange: Mir ist ___________ geworden; ___________ machen gilt nicht.
- Feind, feind: Er ist ihm _________ (feindlich gesinnt). Er war schon immer sein _______.
- Freund, freund: Er bleibt ihm ______________. Er wird immer ein guter ______________ bleiben.
- Klasse, klasse: Das Spiel war _____________. Er hat beim Spiel große _____________ gezeigt.
- Leid, leid: Er muss oft ___________ ertragen. Ich bin es _____________, darüber zu reden.
- Pleite, pleite: Der Betrieb hat ___________ gemacht. Das Geschäft ist mittlerweile ___________.
  Wenn man so wirtschaftet, geht ein Betrieb schnell _____________.
- Schuld, schuld: Du bist _____________ daran. Du gibst ihm die _______________.
- Spitze, spitze: Treib es nicht auf die ___________. Das ist _________ und wird _________ bleiben.
- Wert, wert: Das ist nicht der Rede ____________. Darauf lege ich großen _____________.
- Recht, recht: Das ist mir ____________. Das wird noch _____________ werden.
  Er hat momentan ______________ und wird wahrscheinlich ______________ behalten.
- Unrecht, unrecht: Darin hat er wirklich ____________________. Das zu glauben, ist ___________.

❷ **Feste Verbindungen aus Adjektiv + Nomen - das schwarze/Schwarze Brett**

Bei **festen Verbindungen aus Adjektiv + Nomen**, die keine **Eigennamen** sind, wird das **Adjektiv** grundsätzlich **kleingeschrieben**. Werden diese Verbindungen in **übertragenem Sinn** gebraucht, ist auch **Großschreibung möglich**.

Beispiel: das schwarze/Schwarze Brett
Das **s**chwarze Brett in **wörtlichem Sinn** ist ein Brett, das schwarz ist.
Das **S**chwarze Brett in **übertragenem Sinn** ist eine Anschlagtafel für Informationen.

Finde vier feste Adjektiv-Nomen-Verbindungen, die auch eine übertragene Bedeutung haben.

blau - erste - weiß - rot Karte - Tod - Brief - Hilfe	________________ Amtsschreiben ________________ bei Unfällen	________________ Lawinentod ________________ Platzverweis

RS	Name: ______________________	Datum: ______________

Groß- oder Kleinschreibung

❶ Es gibt einige Nomen, die in Verbindung mit Verben als **Nomen** oder als **Adjektiv** gebraucht werden.

Angst, Bange, Feind, Freund, Gram, Klasse, Leid, Pleite, Recht, Schuld, Spitze, Unrecht, Wert

In Verbindung mit den Verben **sein**, **bleiben**, **werden** werden diese Nomen wie ein **Adjektiv** gebraucht und deshalb kleingeschrieben, z. B. schuld sein, bange werden.
In Verbindung mit anderen Verben schreibt man diese Wörter groß, z. B. Angst bekommen, Schuld haben.

Bilde mit den Nomen oben jeweils Wortgruppen, von denen du meinst, dass sie öfter vorkommen.

Verbindungen mit sein, bleiben, werden	Verbindungen mit haben, legen (be)halten, bekommen, machen
schuld sein, bange werden, leid sein	**Angst bekommen, Schuld haben, Pleite ma-**
spitze werden/bleiben, recht sein	**chen, Spitze halten, Recht haben, Wert legen**
	aber: pleitegehen, leidtun

☞ **Zwei Schreibweisen:**
Recht/recht und Unrecht/unrecht mit Verben wie **haben**, **behalten**, **bekommen**, **geben**, **tun**.
Ich gebe dir Recht/recht. Du tust ihm Unrecht/unrecht. Dieser Mann hat Recht/recht.

Setze jeweils ein:

- Angst, angst: im Keller **Angst** haben; mir wird **angst**; **Angst** bekommen
- Bange, bange: Mir ist **bange** geworden; **Bange** machen gilt nicht.
- Feind, feind: Er ist ihm **feind** (feindlich gesinnt). Er war schon immer sein **Feind**.
- Freund, freund: Er bleibt ihm **freund**. Er wird immer ein guter **Freund** bleiben.
- Klasse, klasse: Das Spiel war **klasse**. Er hat beim Spiel große **Klasse** gezeigt.
- Leid, leid: Er muss oft **Leid** ertragen. Ich bin es **leid**, darüber zu reden.
- Pleite, pleite: Der Betrieb hat **Pleite** gemacht. Das Geschäft ist mittlerweile **pleite**.
  Wenn man so wirtschaftet, geht ein Betrieb schnell **pleite**.
- Schuld, schuld: Du bist **schuld** daran. Du gibst ihm die **Schuld**.
- Spitze, spitze: Treib es nicht auf die **Spitze**. Das ist **spitze** und wird **spitze** bleiben.
- Wert, wert: Das ist nicht der Rede **wert**. Darauf lege ich großen **Wert**.
- Recht, recht: Das ist mir **recht**. Das wird noch **recht** werden.
  Er hat momentan **Recht/recht** und wird wahrscheinlich **Recht/recht** behalten.
- Unrecht, unrecht: Darin hat er wirklich **Unrecht/unrecht**. Das zu glauben, ist **unrecht**.

❷ **Feste Verbindungen aus Adjektiv + Nomen - das schwarze/Schwarze Brett**

Bei **festen Verbindungen aus Adjektiv + Nomen**, die keine **Eigennamen** sind, wird das **Adjektiv** grundsätzlich **kleingeschrieben**. Werden diese Verbindungen in **übertragenem Sinn** gebraucht, ist auch **Großschreibung möglich**.

Beispiel: das schwarze/Schwarze Brett
Das **s**chwarze Brett in **wörtlichem Sinn** ist ein Brett, das schwarz ist.
Das **S**chwarze Brett in **übertragenem Sinn** ist eine Anschlagtafel für Informationen.

Finde vier feste Adjektiv-Nomen-Verbindungen, die auch eine übertragene Bedeutung haben.

blau - erste - weiß - rot / Karte - Tod - Brief - Hilfe				
	Blauer Brief	Amtsschreiben	**Weißer Tod**	Lawinentod
	Erste Hilfe	bei Unfällen	**Rote Karte**	Platzverweis

RS	Name: ______________________	Datum: ______________	

Großschreibung im Überblick

	Beispiele:
❶ Großschreibung der **ersten** Wörter	
• am Satzanfang	**Heute** gehe ich ins Kino. **Das** gefällt mir.
• bei einem Satz nach dem Doppelpunkt	Kurz gesagt: **Es** wurde alles berücksichtigt.
• am Beginn der wörtlichen Rede	Sie fragte: „**Wo** ist hier die Post?“
• das erste Wort einer Überschrift oder eines Buchtitels	**Schon** wieder ein Überfall **Der** weiße Hai
❷ **Nomen** (Substantive, Namenwörter) geben die Namen von Lebewesen (Menschen, Tieren, Pflanzen) und Dingen an (konkrete Nomen). Nomen bezeichnen auch gedachte Dinge (abstrakte Nomen). Nomen haben immer einen Artikel, der das Geschlecht angibt und der oft direkt vor dem Nomen steht.	konkrete Nomen: **der/ein** Mann, **die/eine** Frau, **das/ein** Kind abstrakte Nomen: **der/ein** Abend, **die/eine** Ruhe, **das/ein** Gefühl
❸ Wörter, die selbst keine Nomen sind, können durch vorausgehende **Signalwörter** zu Nomen werden. Vor dem Nomen kann dann stehen	
• ein **Artikel**: der Erste, die Schönste, das Bellen	______________________
• ein **Adjektiv**: ein lautes Lachen, hohes Singen	______________________
• eine **Präposition**: beim (= bei dem), ins (= in das)	______________________
• ein **Pronomen**: mein, dein, sein, unser, ihr	______________________
• ein **unbestimmtes Zahlwort**: etwas, nichts, viel	______________________
• ein dazugedachter Artikel: (das) Zelten verboten	______________________
❹ Wörter mit diesen **Nachsilben** sind Nomen -heit, -keit, -nis, -schaft, -ung, -chen, -in/-erin, -lein, -ling, -tum	______________________ ______________________
❺ Großschreibung bei **Zeitangaben** Man erkennt diese Nomen oft am Signalwort. Das Signalwort kann auch ein Adverb sein.	der Montag, am Freitag, dieser Abend jeden Samstagabend, nächsten Sonntag heute Morgen, ______________________
❻ **Feste Verbindungen** aus einem **Adjektiv** und einem **Nomen**. Großschreibung bei	
• Personennamen: Karl der Große	______________________
• geografischen Namen: Indischer Ozean	______________________
• Objekten/Institutionen: das Deutsche Museum	______________________
• Geschichtsbegriffen: der Zweite Weltkrieg	______________________
• Kalendertagen: Heiliger Abend	der Erste Mai
• Titeln und Ehrenbezeichnungen: Heiliger Vater	______________________
• weiteren festen Verbindungen: Erste Hilfe	______________________
❼ Großschreibung bei **Herkunftsbezeichnungen** mit der Endung „-er“: der Kölner Dom	______________________
• Straßennamen: Zugspitzstraße	______________________
❽ Großschreibung beim höflichen **Anredefürwort**: Sie, Ihr und Ihnen (Ihre, Ihres, Ihrem, Ihren)	______________________ ______________________

RS	Name:	Datum:

Großschreibung im Überblick

	Beispiele:	
❶ Großschreibung der **ersten** Wörter		
• am Satzanfang	**Heute** gehe ich ins Kino. **Das** gefällt mir.	
• bei einem Satz nach dem Doppelpunkt	Kurz gesagt: **Es** wurde alles berücksichtigt.	
• am Beginn der wörtlichen Rede	Sie fragte: „**Wo** ist hier die Post?"	
• das erste Wort einer Überschrift	**Schon** wieder ein Überfall	
oder eines Buchtitels	**Der** weiße Hai	
❷ **Nomen** (Substantive, Namenwörter) geben die Namen von Lebewesen (Menschen, Tieren, Pflanzen) und Dingen an (konkrete Nomen). Nomen bezeichnen auch gedachte Dinge (abstrakte Nomen). Nomen haben immer einen Artikel, der das Geschlecht angibt und der oft direkt vor dem Nomen steht.	konkrete Nomen: **der/ein** Mann **die/eine** Frau **das/ein** Kind	abstrakte Nomen: **der/ein** Abend **die/eine** Ruhe **das/ein** Gefühl
❸ Wörter, die selbst keine Nomen sind, können durch vorausgehende **Signalwörter** zu Nomen werden. Vor dem Nomen kann dann stehen		
• ein **Artikel**: der Erste, die Schönste, das Bellen	**der Schnellste, die Übrigen, das Auf und Ab**	
• ein **Adjektiv**: ein lautes Lachen, hohes Singen	**das lange Warten, freches Grinsen**	
• eine **Präposition**: beim (= bei dem), ins (= in das)	**beim Schwimmen, ins Grüne, zum Lachen**	
• ein **Pronomen**: mein, dein, sein, unser, ihr	**dein Zögern, sein Ja, unser Bestes**	
• ein **unbestimmtes Zahlwort**: etwas, nichts, viel	**etwas Besonderes, nichts Böses**	
• ein dazugedachter Artikel: (das) Zelten verboten	**(das) Schwarz und (das) Weiß ergibt (das) Grau**	
❹ Wörter mit diesen **Nachsilben** sind Nomen -heit, -keit, -nis, -schaft, -ung, -chen, -in/-erin, -lein, -ling, -tum	**Gesundheit, Eitelkeit, Erlebnis, Freundschaft, Eigentum, Erholung**	
❺ Großschreibung bei **Zeitangaben** Man erkennt diese Nomen oft am Signalwort. Das Signalwort kann auch ein Adverb sein.	der Montag, am Freitag, dieser Abend jeden Samstagabend, nächsten Sonntag heute Morgen, **morgen Abend, gestern Mittag**	
❻ **Feste Verbindungen** aus einem **Adjektiv** und einem **Nomen**. Großschreibung bei		
• Personennamen: Karl der Große	**der Alte Fritz, Holbein der Jüngere**	
• geografischen Namen: Indischer Ozean	**die Schwäbische Alb, das Rote Meer**	
• Objekten/Institutionen: das Deutsche Museum	**Zweites Deutsches Fernsehen (ZDF)**	
• Geschichtsbegriffen: der Zweite Weltkrieg	**das Römische Reich, die Jüngere Steinzeit**	
• Kalendertagen: Heiliger Abend	der Erste Mai	
• Titeln und Ehrenbezeichnungen: Heiliger Vater	**Heilige Mutter Maria**	
• weiteren festen Verbindungen: Erste Hilfe	**Weißer Tod**	
❼ Großschreibung bei **Herkunftsbezeichnungen** mit der Endung „-er": der Kölner Dom	**das Münchner Oktoberfest**	
• Straßennamen: Zugspitzstraße	**Bahnhofstraße, Alexanderplatz**	
❽ Großschreibung beim höflichen **Anredefürwort**: Sie, Ihr und Ihnen (Ihre, Ihres, Ihrem, Ihren)	**Wir teilen Ihnen mit, dass Sie mit Ihrer Gehaltsforderung zu hoch liegen.**	

RS	Name: ____________________	Datum: ____________________	

Kleinschreibung im Überblick

	Beispiele:
❶ Außer Nomen werden alle **anderen Wortarten** kleingeschrieben, z. B. Verben, Adjektive, Zahlwörter	Verben: ____________________ Adjektive: ____________________ Zahlwörter: ____________________
❷ **Adjektive** - auch wenn sie einen Artikel vor sich haben - schreibt man klein, wenn sie sich auf ein **vorhergehendes** oder **nachfolgendes Nomen beziehen**.	Er war der **jüngste** von den Spielern. (nachf.) Er war von den Spielern der **jüngste**. (vorausg.) Bei den Schülern halfen die __lteren den __üngeren. Von den beiden Filmen war nur der _______ gut.
❸ **Zeitangaben** in Form eines **Adverbs** Man erkennt solche Zeitangaben oft an dem „s" am Wortende.	heute, ____________________ morgens, ____________________ montags, ____________________
❹ **Herkunftsbezeichnungen** auf „-isch" und „-sch" sind abgeleitete Adjektive und werden deshalb kleingeschrieben.	französischer Käse, ____________________ ____________________ die schillerschen Gedichte, ____________________
❺ Das **persönliche** (vertraute) **Anredefürwort** du, dir, dich, dein, ihr (euer, euch) In Briefen ist auch [↑] möglich.	Hast du dein Geld schon ausgegeben? ____________________ ____________________
❻ Diese **unbestimmten Zahlwörter** und **Mengenangaben** werden meist kleingeschrieben. der (die, das) eine, der (die, das) andere das (die) viele(n), das (die) wenige(n), das meiste Auch [↑] möglich! Nur [↓] bei: ein bisschen, ein paar (einige), die beiden	Die __iren spielen Karten, die __nderen Schach. Es gingen die __eisten früher, nur die __enigsten blieben noch. Ich will nur das __ine, alles __ndere ist mir egal. ____________________ ____________________ ____________________ ____________________
❼ Die Wörter „angst", „bange", „gram", „leid", „pleite", „schuld" nur in Verbindung mit den Verben „sein", „werden", „bleiben" werden kleingeschrieben.	Mir wurde angst und bange. Die Firma ist pleite. Das ist __echt so. Du bist nicht __chuld. Das Spiel war __pitze, besonders Klose war __lasse. Ich bin es __eid, mir dein Meckern anzuhören.
❽ **Steigerung des Adjektivs**: am besten Bei Verbindungen mit „am" wird nur die Höchststufe der Steigerung (Superlativ) kleingeschrieben. am schnellsten, am schönsten, am größten	Was erscheint dir am __ünstigsten? Am __iebsten schaue ich mir einen Krimi an, weil der am ____________________ ist.
❾ **Mehrteilige Adverbien** mit den Wortbausteinen • bei-: beinahe • irgend-: irgendwann • -mal: einmal • -einander: auseinander • -wärts: rückwärts • -seits: meinerseits	____________________ ____________________ ____________________ ____________________ ____________________ ____________________

RS	Name: ______________________	Datum: ______________	

Kleinschreibung im Überblick

	Beispiele:
❶ Außer Nomen werden alle **anderen Wortarten** kleingeschrieben, z. B. Verben, Adjektive, Zahlwörter	Verben: **helfen, laufen, schreien** Adjektive: **farbig, hellblau, spannend** Zahlwörter: **fünf, zehnmal**
❷ **Adjektive** - auch wenn sie einen Artikel vor sich haben - schreibt man klein, wenn sie sich auf ein **vorhergehendes** oder **nachfolgendes Nomen beziehen**.	Er war der **jüngste** von den Spielern. (nachf.) Er war von den Spielern der **jüngste**. (vorausg.) Bei den Schülern halfen die **ä**lteren den **j**üngeren. Von den beiden Filmen war nur der **erste** gut.
❸ **Zeitangaben** in Form eines **Adverbs** Man erkennt solche Zeitangaben oft an dem „s" am Wortende.	heute, **morgen, gestern** morgens, **mittags, abends, nachts** montags, **mittwochs, samstagabends**
❹ **Herkunftsbezeichnungen** auf „-isch" und „-sch" sind abgeleitete Adjektive und werden deshalb kleingeschrieben.	französischer Käse, **chinesisches Essen, bayerisches Bier, spanischer Wein** die schillerschen Gedichte, **ohmsches Gesetz**
❺ Das **persönliche** (vertraute) **Anredefürwort** du, dir, dich, dein, ihr (euer, euch) In Briefen ist auch ↑ möglich.	Hast du dein Geld schon ausgegeben? **Du wirst dich darüber freuen.** **Lieber Max, hast Du/du Dein/dein Geschenk ...**
❻ Diese **unbestimmten Zahlwörter** und **Mengenangaben** werden meist kleingeschrieben. der (die, das) eine, der (die, das) andere das (die) viele(n), das (die) wenige(n), das meiste Auch ↑ möglich!	Die **e**inen spielen Karten, die **a**nderen Schach. Es gingen die **m**eisten früher, nur die **w**enigsten blieben noch. Ich will nur das **e**ine, alles **a**ndere ist mir egal. **Ich möchte auch einmal das andere/Andere bzw. etwas anderes/Anderes erleben.**
Nur ↓ bei: ein bisschen, ein paar (einige), die beiden	**Das kam den beiden ein bisschen komisch vor.** **Ein paar Leute benahmen sich daneben.**
❼ Die Wörter „angst", „bange", „gram", „leid", „pleite", „schuld" nur in Verbindung mit den Verben „sein", „werden", „bleiben" werden kleingeschrieben.	Mir wurde angst und bange. Die Firma ist pleite. Das ist **r**echt so. Du bist nicht **s**chuld. Das Spiel war **s**pitze, besonders Klose war **k**lasse. Ich bin es **l**eid, mir dein Meckern anzuhören.
❽ **Steigerung des Adjektivs**: am besten Bei Verbindungen mit „am" wird nur die Höchststufe der Steigerung (Superlativ) kleingeschrieben. am schnellsten, am schönsten, am größten	Was erscheint dir am **g**ünstigsten? Am **l**iebsten schaue ich mir einen Krimi an, weil der am **spannendsten** ist.
❾ **Mehrteilige Adverbien** mit den Wortbausteinen	
• bei-: beinahe	**beisammen, beileibe, beieinander**
• irgend-: irgendwann	**irgendwo, irgendeiner, irgendwie**
• -mal: einmal	**diesmal, mehrmals, keinmal**
• -einander: auseinander	**zueinander, miteinander, voreinander**
• -wärts: rückwärts	**vorwärts, seitwärts, abwärts**
• -seits: meinerseits	**deinerseits, unsererseits, allerseits**

RS Name: ______________________ Datum: ______________

Groß- und Kleinschreibung im Überblick

GROSSSCHREIBUNG	KLEINSCHREIBUNG
❶ Nur Nomen/Substantive • konkrete Nomen: der/ein Vater, die/eine Mutter, das/ein Kind • abstrakte Nomen: der/ein Sommer, die/eine Bitte, das/ein Gefühl	**Alle anderen Wörter** Verben: gehen, lachen; Adjektive: stark, groß; Zahlwörter: fünf, erste; Artikel: der, die, das; Präpositionen: auf, vor; Pronomen: ich, dein, unser; Konjunktionen: und, aber
❷ Wörter mit den Nachsilben **-heit, -keit, -nis, -schaft, -ung:** Gesundheit, Heiterkeit, Hindernis, Freundschaft, Heizung **-chen, -lein, -in, -ling, -tum:** Männchen, Fräulein, Freundin, Frühling, Eigentum **Fremdwörter mit -(t)ion, -tät, -age:** Information, Pubertät, Garage	**Wörter mit den Nachsilben** **-ig, -lich, -isch:** ruhig, fröhlich, neidisch **-bar, -haft, -los, -sam:** fruchtbar, fabelhaft, furchtlos, erholsam
❸ Nomen bei Zeitangaben Morgen, Mittag, Abend, Sonntag, der Montag, am Abend, am Samstag, am Sonntagnachmittag	**Adverbien (Umstände) bei Zeitangaben** heute, morgen, gestern, vorgestern, morgens, mittags, abends sonntags, montags, samstags

Verbindung von Adverb und Nomen: heute Morgen, gestern Abend, morgen Mittag

GROSSSCHREIBUNG	KLEINSCHREIBUNG
❹ Höfliche Anrede Sie, Ihr, Ihnen (Ihre, Ihres, Ihrem, Ihren) Hat es Ihnen gefallen? Sagen Sie mir Ihre Meinung.	**Persönliche (vertraute) Anrede** du, dein, dir, dich, ihr, euer, euch Über das Geld von deiner Tante hast du dich bestimmt gefreut.

In Briefen groß und klein: Lieber Marc, hast Du/du Dir/dir schon ein Geschenk zu Deinem/deinem Geburtstag überlegt? Wann sehe ich Dich/dich?

GROSSSCHREIBUNG	KLEINSCHREIBUNG
❺ Wörter mit vorausgehendem Artikel als Signalwort der Beste, der Schnellste Er war von allen der Beste. Verschiedene Nomen sind möglich, z. B. der beste Läufer, der beste Spieler, der beste Sänger ...	**Wörter, die sich auf ein Nomen im Satz beziehen** der beste, der schnellste Er war von allen Spielern der beste. oder: Er war der beste von allen Spielern. Nur das vorausgehende oder nachfolgende Nomen ist möglich: der beste Spieler
❻ Wörter mit vorausgehendem/verstecktem/ dazugedachtem Artikel als Signalwort der Einzelne, im Allgemeinen, Folgendes das Ganze, im Voraus, am Ersten, Weiteres beim Schlafen, am Arbeiten	**Unbestimmte Zahlwörter: Kleinschreibung trotz vorausgehenden Artikels** der eine, der andere, das viele, das wenige auch ↑ möglich: der Eine, das Viele, das Wenige nur ↓ möglich: die beiden, ein bisschen, ein paar Höchststufe des Adjektivs (Superlativ): am schönsten, am größten, am besten
❼ Adjektive in mehrteiligen Eigennamen Karl der Große, Rotes Meer Eigennamen bezeichnen etwas Einmaliges, z. B. bestimmtes Ereignis, konkrete Person, einzelnes Objekt.	**Abgeleitete Adjektive auf -isch** französischer Käse, spanischer Wein **Adjektive auf -sch** ohmsches Gesetz, schillersche Gedichte Eigenname wird wie ein Adjektiv verwendet.
❽ „Mal" als Nomen mit vorausgehendem Signalwort das eine Mal, dieses Mal, zum letzten Mal	**„-mal" als Wortbaustein im zusammengesetzten Wort (kein Signalwort)** einmal, diesmal, mehrmals
❾ Feste Verbindungen von Adjektiv + Nomen Übertragener Sinn: z. B. das Schwarze Brett (= Anschlagtafel)	**Feste Verbindungen von Adjekiv + Nomen** Usprünglicher Sinn: z. B. das schwarze Brett (= schwarz angestrichenes Brett)

Als Nomen verwendete Wörter - das Ganze nun im Einzelnen

Die folgenden Wörter werden oft als Nomen gebraucht. Bilde zu einem Nomen eine Wortgruppe.

allgemein: das Allgemeine, im Allgemeinen	im Allgemeinen so machen
einzeln: der/die/das Einzelne, jeder Einzelne, im Einzelnen	______
alles Einzelne, bis ins Einzelne, Einzelnes	______
einzig: der/die/das Einzige, kein Einziger, als Einzige	______
erste: der/die/das Erste, die Ersten, als Erster, am Ersten	______
folgend: das Folgende, im Folgenden, Folgendes	______
ganz: das Ganze, im Ganzen, im Großen und Ganzen	______
letzte: der/die/das Letzte, die Letzten, bis ins Letzte	______
möglich: das Möglichste, alles Mögliche	______
übrig: das Übrige, alles Übrige, im Übrigen	______
voraus: im Voraus	______
wesentlich: das Wesentliche, Wesentliches, im Wesentlichen	______
weiter: das Weitere, des Weiteren, alles Weitere	______

Wörter können zu Nomen werden, wenn ihnen entsprechende **Signalwörter** vorausgehen.

Als Nomen verwendete Wörter - das Ganze nun im Einzelnen

Die folgenden Wörter werden oft als Nomen gebraucht. Bilde zu einem Nomen eine Wortgruppe.

allgemein: das Allgemeine, im Allgemeinen	im Allgemeinen so machen
einzeln: der/die/das Einzelne, jeder Einzelne, im Einzelnen	**jeden Einzelnen begrüßen, bis ins**
alles Einzelne, bis ins Einzelne, Einzelnes	**Einzelne geregelt, im E. noch klären**
einzig: der/die/das Einzige, kein Einziger, als Einzige	**das Einzige, was zählt**
erste: der/die/das Erste, die Ersten, als Erster, am Ersten	**als Erste ankommen, der Erste sein**
folgend: das Folgende, im Folgenden, Folgendes	**Folgendes ist zu beachten**
ganz: das Ganze, im Ganzen, im Großen und Ganzen	**aufs Ganze gehen**
letzte: der/die/das Letzte, die Letzten, bis ins Letzte	**bis ins Letzte vorbereiten**
möglich: das Möglichste, alles Mögliche	**sein Möglichstes tun**
übrig: das Übrige, alles Übrige, im Übrigen	**ein Übriges tun**
voraus: im Voraus	**im Voraus vielen Dank**
wesentlich: das Wesentliche, Wesentliches, im Wesentlichen	**das Wesentliche erkennen**
weiter: das Weitere, des Weiteren, alles Weitere	**alles Weitere später**

Wörter können zu Nomen werden, wenn ihnen entsprechende **Signalwörter** vorausgehen.

RS Name: ______________________ Datum: ________________

Test | **Groß- und Kleinschreibung** | **32 Punkte**

Es gibt sechs Möglichkeiten:
① Artikel ② Adjektiv ③ Präposition ④ Pronomen ⑤ unbestimmtes Zahlwort ⑥ dazugedachter Artikel

❶ Schreibe in die Kreise vor den folgenden Sätzen, um welche Art von Signalwort es sich handelt. Aber aufgepasst: Bei den netten dummen Sprüchen sind auch nicht nominalisierte Wörter dabei. Schreibe dann in den Kreis ein ⊝. Jedes richtige Wort ergibt einen Punkt. (20 Punkte)

OO Was kann ein Tag schon __________, der mit dem ____________ beginnt. (bringen, aufstehen)

OO __________ können abnehmen, ___________ nicht. (dick, doof)

OO Manches ___________ ist noch lange nicht das ___________ vom Ei. (gelb, gelb)

OO Das ____________ ist allen Menschen erlaubt, auch wenn bei vielen nichts _______________ herauskommt. (denken, gescheit)

OO Das ______________ am Sommer sind die ____________________. (schönste, Sommerferien)

OO ____________ ist menschlich, nichts _______________ leider auch. (irren, wissen)

OO Ich brauche nichts ____________________, ich bin auch mit dem _____________ zufrieden. (großartig, besten)

OO Ampeln müssten bei deinem wilden _______________ immer auf ______ schalten. (Aussehen, rot)

OO Durch ____________ von Knoblauch findet man sich auch im _____________ wieder. (essen, dunkel)

OO Dein ______________ funktioniert besser als dein ________________. (vergessen, behalten)

❷ Kreuze jeweils an, welcher Satz richtig geschrieben ist. (12 Punkte)

O Das Ganze ist ja wirklich zum lachen.
O Das ganze ist ja wirklich zum lachen.
O Das Ganze ist ja wirklich zum Lachen.

O Im Voraus vielen Dank für all dein Bemühen.
O Im voraus vielen Dank für all dein Bemühen.
O Im voraus vielen Dank für all dein bemühen.

O Vor dem Abbiegen muss rechtzeitich ein Blinken erfolgen.
O Vor dem Abbiegen muss rechtzeitig ein Blinken erfolgen.
O Vor dem abbiegen muss rechtzeitig ein blinken erfolgen.

O Man sollte nicht gleiches mit gleichem vergelten.
O Man sollte nicht Gleiches mit Gleichem vergelden.
O Man sollte nicht Gleiches mit Gleichem vergelten.

O Jeder einzelne sollte sein möglichstes tun.
O Jeder Einzelne sollte sein möglichstes tun.
O Jeder Einzelne sollte sein Möglichstes tun.

O Von den Läufern war der erste nur knapp vor dem Zweiten.
O Von den Läufern war der erste nur knapp vor dem zweiten.
O Von den Läufern war der Erste nur knapp vor dem Zweiten.

O Manchmal ist nichts wissen das wirklich beste.
O Manchmal ist nichts wissen das wirklich Beste.
O Manchmal ist nichts Wissen das wirklich Beste.

O Alles weitere klären wir am besten erst später.
O Alles Weitere klären wir am besten erst später.
O Alles Weitere klären wir am Besten erst später.

O Das Teuerste muss nicht immer am besten sein.
O Das Teuerste muss nicht immer am Besten sein.
O Das teuerste muss nicht immer am besten sein.

O Mit alt und jung durch dick und dünn gehen.
O Mit Alt und Jung durch Dick und Dünn gehen.
O Mit Alt und Jung durch dick und dünn gehen.

O Es ist oft am schwierigsten, das schwierige zu erkennen.
O Es ist oft am Schwierigsten, das Schwierige zu erkennen.
O Es ist oft am schwierigsten, das Schwierige zu erkennen.

O Beim Lernen ist Folgendes zu beachten.
O Beim Lernen ist folgendes zu beachten.
O Beim lernen ist folgendes zu beachten.

RS Name: ______________________ Datum: ______________

Test — Groß- und Kleinschreibung — 32 Punkte

Es gibt sechs Möglichkeiten:
① Artikel ② Adjektiv ③ Präposition ④ Pronomen ⑤ unbestimmtes Zahlwort ⑥ dazugedachter Artikel

❶ Schreibe in die Kreise vor den folgenden Sätzen, um welche Art von Signalwort es sich handelt. Aber aufgepasst: Bei den netten dummen Sprüchen sind auch nicht nominalisierte Wörter dabei. Schreibe dann in den Kreis ein ⊖. Jedes richtige Wort ergibt einen Punkt. (20 Punkte)

⊖① Was kann ein Tag schon **bringen**, der mit dem **Aufstehen** beginnt. (bringen, aufstehen)

⑥⑥ **Dicke** können abnehmen, **Doofe** nicht. (dick, doof)

⑤① Manches **Gelbe** ist noch lange nicht das **Gelbe** vom Ei. (gelb, gelb)

①⑤ Das **Denken** ist allen Menschen erlaubt, auch wenn bei vielen nichts **Gescheites** herauskommt. (denken, gescheit)

①⊖ Das **Schönste** am Sommer sind die **Sommerferien**. (schönste, Sommerferien)

⑥⊖ **Irren** ist menschlich, nichts **wissen** leider auch. (irren, wissen)

⑤① Ich brauche nichts **Großartiges**, ich bin auch mit dem **Besten** zufrieden. (großartig, besten)

②③ Ampeln müssten bei deinem wilden **Aussehen** immer auf **Rot** schalten. (Aussehen, rot)

③③ Durch **Essen** von Knoblauch findet man sich auch im **Dunkeln** wieder. (essen, dunkel)

④④ Dein **Vergessen** funktioniert besser als dein **Behalten**. (vergessen, behalten)

❷ Kreuze jeweils an, welcher Satz richtig geschrieben ist. (12 Punkte)

O Das Ganze ist ja wirklich zum lachen.
O Das ganze ist ja wirklich zum lachen.
⊗ Das Ganze ist ja wirklich zum Lachen.

⊗ Im Voraus vielen Dank für all dein Bemühen.
O Im voraus vielen Dank für all dein Bemühen.
O Im voraus vielen Dank für all dein bemühen.

O Vor dem Abbiegen muss rechtzeitich ein Blinken erfolgen.
⊗ Vor dem Abbiegen muss rechtzeitig ein Blinken erfolgen.
O Vor dem abbiegen muss rechtzeitig ein blinken erfolgen.

O Man sollte nicht gleiches mit gleichem vergelten.
O Man sollte nicht Gleiches mit Gleichem vergelden.
⊗ Man sollte nicht Gleiches mit Gleichem vergelten.

O Jeder einzelne sollte sein möglichstes tun.
O Jeder Einzelne sollte sein möglichstes tun.
⊗ Jeder Einzelne sollte sein Möglichstes tun.

O Von den Läufern war der erste nur knapp vor dem Zweiten.
⊗ Von den Läufern war der erste nur knapp vor dem zweiten.
O Von den Läufern war der Erste nur knapp vor dem Zweiten.

O Manchmal ist nichts wissen das wirklich beste.
⊗ Manchmal ist nichts wissen das wirklich Beste.
O Manchmal ist nichts Wissen das wirklich Beste.

O Alles weitere klären wir am besten erst später.
⊗ Alles Weitere klären wir am besten erst später.
O Alles Weitere klären wir am Besten erst später.

⊗ Das Teuerste muss nicht immer am besten sein.
O Das Teuerste muss nicht immer am Besten sein.
O Das teuerste muss nicht immer am besten sein.

O Mit alt und jung durch dick und dünn gehen.
O Mit Alt und Jung durch Dick und Dünn gehen.
⊗ Mit Alt und Jung durch dick und dünn gehen.

O Es ist oft am schwierigsten, das schwierige zu erkennen.
O Es ist oft am Schwierigsten, das Schwierige zu erkennen.
⊗ Es ist oft am schwierigsten, das Schwierige zu erkennen.

⊗ Beim Lernen ist Folgendes zu beachten.
O Beim Lernen ist folgendes zu beachten.
O Beim lernen ist folgendes zu beachten.

RS	Name: ______________________	Datum: ______________	

Kennst du diese Stadt?

Sie ist nicht nur die größte Stadt Bayerns, sondern auch die _ayrische Hauptstadt. Hier befinden sich viele Sehenswürdigkeiten, die immer wieder gerne von Touristen aller Nationen aufgesucht werden. Zunächst kann man sich vom Fernsehturm im Olympiagelände oder vom „_lten Peter“ einen Überblick über die Stadt verschaffen und nacheinander die einzelnen Attraktionen aufsuchen, z. B. das _eutsche Museum in der Zeppelinstraße, wo es für _roß und _lein immer etwas _nteressantes zu sehen gibt oder die _lte Pinakothek mit _erühmten Bildern gerade aus der Epoche der _ltdeutschen Malerei. Auch der Zoo Hellabrunn in der Siebenbrunner Straße bietet mit seiner großen Anzahl von Tieren aus aller Welt für _ung und _lt viel Exotisches. Viel besucht wird auch das _eltweit bekannte Hofbräuhaus. Wer es luftiger mag, sucht den _hinesischen Turm im _nglischen Garten auf. Überhaupt kann man in den vielen schönen Biergärten das unbeschwerte Leben _inheimischer und _remder besonders gut beobachten.
Im Olympiastadion am Georg-Brauchle-Ring spielte der bekannte Fußballklub FC Bayern, bevor er in die Allianz-Arena wechselte. Und zum _chluss noch das _inmalige an dieser Stadt, was hier _pitze ist: Hier findet das größte Volksfest der Welt statt. (177)

❶ Adjektive bei Eigennamen werden großgeschrieben. Welche Eigennamen im Text findest du?

____
____
____
____
____
____

❷ [A] ↗ [N] Adjektive, die zu Nomen werden

____
____
____
____

❸ Schreibung von Straßennamen

____
____
____

Schreibe von deinem Ort noch vier Straßennamen auf.

____
____
____
____

❹ Welches abgeleitete Adjektiv gibt eine Herkunfsbezeichnung an?

____

❺ Wörter mit der Nachsilbe „-isch“. Schreibe sie alle in der Form eines Adjektivs auf.

____

❻ Findest du drei [| |] ? ______________________________

❼ Welches Wort wird in Verbindung mit „sein“ kleingeschrieben? ______________

Wie viele weitere verblasste Nomen findest du, die in Verbindung mit dem Verb „sein“ [↓]?

____
____

❽ Bei welchen Wörtern im Text muss man sich den Artikel dazudenken, um zu erkennen, dass sie [↑]? Schreibe diese Sätze mit Artikel.

____
____
____
____
____

RS Name: ______________________ Datum: ______________

Kennst du diese Stadt?

Sie ist nicht nur die größte Stadt Bayerns, sondern auch die bayrische Hauptstadt. Hier befinden sich viele Sehenswürdigkeiten, die immer wieder gerne von Touristen aller Nationen aufgesucht werden. Zunächst kann man sich vom Fernsehturm im Olympiagelände oder vom „Alten Peter" einen Überblick über die Stadt verschaffen und nacheinander die einzelnen Attraktionen aufsuchen, z. B. das Deutsche Museum in der Zeppelinstraße, wo es für Groß und Klein immer etwas Interessantes zu sehen gibt oder die Alte Pinakothek mit berühmten Bildern gerade aus der Epoche der Altdeutschen Malerei. Auch der Zoo Hellabrunn in der Siebenbrunner Straße bietet mit seiner großen Anzahl von Tieren aus aller Welt für Jung und Alt viel Exotisches. Viel besucht wird auch das weltweit bekannte Hofbräuhaus. Wer es luftiger mag, sucht den Chinesischen Turm im Englischen Garten auf. Überhaupt kann man in den vielen schönen Biergärten das unbeschwerte Leben Einheimischer und Fremder besonders gut beobachten.

Im Olympiastadion am Georg-Brauchle-Ring spielte der bekannte Fußballklub FC Bayern, bevor er in die Allianz-Arena wechselte. Und zum Schluss noch das Einmalige an dieser Stadt, was hier spitze ist: Hier findet das größte Volksfest der Welt statt. (177)

❶ Adjektive bei Eigennamen werden großgeschrieben. Welche Eigennamen im Text findest du?

der Alte Peter,
das Deutsche Museum,
die Alte Pinakothek,
die Altdeutsche Malerei,
der Chinesische Turm,
der Englische Garten

❷ A ↗ N Adjektive, die zu Nomen werden

Groß und Klein, etwas Interessantes, Jung und Alt, Einheimischer, Fremder, das Einmalige, viel Exotisches

❸ Schreibung von Straßennamen

Zeppelinstraße
Siebenbrunner Straße
Georg-Brauchle-Ring

Schreibe von deinem Ort noch vier Straßennamen auf.

Augsburger Straße
Hindenburgstraße
Scharfes Eck
Rathausgasse

❹ Welches abgeleitete Adjektiv gibt eine Herkunfsbezeichnung an?

bayerisch

❺ Wörter mit der Nachsilbe „-isch". Schreibe sie alle in der Form eines Adjektivs auf.

bayerisch, englisch, chinesisch, exotisch, einheimisch

❻ Findest du drei ☐☐☐ ? **der Fernsehturm, das Hofbräuhaus, der Fußballklub**

❼ Welches Wort wird in Verbindung mit „sein" kleingeschrieben? **spitze**

Wie viele weitere verblasste Nomen findest du, die in Verbindung mit dem Verb „sein" ↓ ?

angst sein, bange sein, recht sein, leid sein, schuld sein, klasse sein, pleite sein

❽ Bei welchen Wörtern im Text muss man sich den Artikel dazudenken, um zu erkennen, dass sie ↑ ? Schreibe diese Sätze mit Artikel.

Im Deutschen Museum gibt es für die Großen und die Kleinen immer etwas Interessantes zu sehen. Der Zoo Hellabrunn bietet für die Jungen und die Alten viel Exotisches. Überhaupt kann man in den vielen schönen Biergärten das unbeschwerte Leben der Einheimischen und der Fremden besonders gut beobachten.

RS Name: ______________________ | Datum: ______________

Alkohol - eine schleichende Gefahr

Alkohol verbreitet sich in unserer Gesellschaft wie eine ansteckende Krankheit. Nicht nur __rwachsene, immer mehr __ugendliche greifen immer öfter zur Flasche. Welche Motive führen eigentlich zum __rinken? Durch __mfragen wurde festgestellt, dass viele junge Leute glauben, dass das __ösen von Problemen mit Alkohol besser geht. Als __ichtigste Ursachen für den Alkoholkonsum sind ermittelt worden: bei den __inen Ärger in der Schule oder mit den Eltern, bei den __nderen Verdruss mit dem Freund oder der Freundin. Von den __ugendlichen beachten die __eisten nicht, dass das __ergessen im Rausch nur __orübergehend anhält. Körperlicher und moralischer Kater sind nach dem __rwachen fürchterlich, das __nwohlsein ist eher __rößer geworden. Es gibt aber noch andere Gründe für das __rinken des Einzelnen. So wollen viele __ugendliche auf Partys oder in Diskotheken sich in ihrer Clique bestätigt wissen. Wenn sie schon durch ihr persönliches __uftreten kein __nsehen finden, so hoffen sie, dieses mithilfe ihrer „Trinkstärke“ zu erreichen. Wie lächerlich und unbeholfen aber ihr __enehmen im Rausch ist, kommt ihnen nicht zum __ewusstsein, weil sie durch den Alkoholgenuss umnebelt sind. Im __llgemeinen sind auch die Eltern an dem falschen __erhalten ihrer Kinder nicht ganz schuldlos, da sie häufig mit schlechtem Beispiel vorangehen. (198)

Nominalisierung

Es gibt sechs Arten von Signalwörtern, die ein nachfolgendes Wort zum Nomen machen.
Ordne jeweils Signalwort und Nomen vom Text entsprechend ein.

❶ Artikel (der, die, das, ein ...)

____

____

____

____

❷ Adjektiv

____

____

❸ Präposition (beim, im, zum)

____

____

____

❹ Pronomen (mein, dein, ihr)

____

❺ Unbestimmtes Zahlwort (etwas, viel)

____

____

❻ Gedanklicher Artikel

____

Fremdwörter

____

____

Bei welchen Satzteilen werden trotz Artikel die nachfolgenden Wörter kleingeschrieben?

____

____

Welche Wörter werden wegen ihrer Nachsilbe großgeschrieben?

____

Welche Wörter werden wegen ihrer Nachsilbe kleingeschrieben?

____

____

Welches Wort im Text ist kleingeschrieben und kann auch großgeschrieben werden? Schreibe noch zwei bis drei weitere Verbindungen dazu, bei denen ebenfalls zwei Schreibweisen möglich sind.

____

____

____

RS Name: ______________________ Datum: ______________

Alkohol - eine schleichende Gefahr

Alkohol verbreitet sich in unserer Gesellschaft wie eine ansteckende Krankheit. Nicht nur **E**rwachsene, immer mehr **J**ugendliche greifen immer öfter zur Flasche. Welche Motive führen eigentlich zum **T**rinken? Durch **U**mfragen wurde festgestellt, dass viele junge Leute glauben, dass das **L**ösen von Problemen mit Alkohol besser geht. Als **w**ichtigste Ursachen für den Alkoholkonsum sind ermittelt worden: bei den **e**inen Ärger in der Schule oder mit den Eltern, bei den **a**nderen Verdruss mit dem Freund oder der Freundin. Von den **J**ugendlichen beachten die **m**eisten nicht, dass das **V**ergessen im Rausch nur **v**orübergehend anhält. Körperlicher und moralischer Kater sind nach dem **E**rwachen fürchterlich, das **U**nwohlsein ist eher **g**rößer geworden. Es gibt aber noch andere Gründe für das **T**rinken des Einzelnen. So wollen viele **J**ugendliche auf Partys oder in Diskotheken sich in ihrer Clique bestätigt wissen. Wenn sie schon durch ihr persönliches **A**uftreten kein **A**nsehen finden, so hoffen sie, dieses mithilfe ihrer „Trinkstärke“ zu erreichen. Wie lächerlich und unbeholfen aber ihr **B**enehmen im Rausch ist, kommt ihnen nicht zum **B**ewusstsein, weil sie durch den Alkoholgenuss umnebelt sind. Im **A**llgemeinen sind auch die Eltern an dem falschen **V**erhalten ihrer Kinder nicht ganz schuldlos, da sie häufig mit schlechtem Beispiel vorangehen. (198)

Nominalisierung

Es gibt sechs Arten von Signalwörtern, die ein nachfolgendes Wort zum Nomen machen.
Ordne jeweils Signalwort und Nomen vom Text entsprechend ein.

❶ Artikel (der, die, das, ein ...)

die Jugendlichen, das Lösen, den Jugendlichen, das Vergessen, das Trinken, das Unwohlsein, des Einzelnen

❷ Adjektiv

persönliches Auftreten
falsches Verhalten

❸ Präposition (beim, im, zum)

durch Umfragen, nach dem Erwachen, zum Trinken, im Allgemeinen, zum Bewusstsein

❹ Pronomen (mein, dein, ihr)

ihr Benehmen, ihr Trinken

❺ Unbestimmtes Zahlwort (etwas, viel)

viele Jugendliche, kein Ansehen, mehr Jugendliche

❻ Gedanklicher Artikel

Erwachsene

Fremdwörter

Motive, Alkohol, Party, Diskothek, Clique

Bei welchen Satzteilen werden trotz Artikel die nachfolgenden Wörter kleingeschrieben?

Von den Jugendlichen beachten die meisten nicht ...,
bei den einen ..., bei den anderen

Welche Wörter werden wegen ihrer Nachsilbe großgeschrieben?

Gesellschaft, Krankheit, Funktion

Welche Wörter werden wegen ihrer Nachsilbe kleingeschrieben?

wichtig, moralisch, fürchterlich, persönlich, lächerlich, schuldlos, häufig

Welches Wort im Text ist kleingeschrieben und kann auch großgeschrieben werden? Schreibe noch zwei bis drei weitere Verbindungen dazu, bei denen ebenfalls zwei Schreibweisen möglich sind.

mithilfe / mit Hilfe, aufgrund / auf Grund, nachhause / nach Hause, zulasten / zu Lasten
die einen / Einen, die anderen / Anderen, die meisten / Meisten, die wenigsten / Wenigsten

RS | Name: ______________________ | Datum: ______________________

Zusammenschreibung

❶ Zusammengesetzte Nomen [| N] und Adjektive [| A]

Trenne die folgenden zusammengesetzten Wörter durch einen senkrechten Strich voneinander ab.

Wörter|buch - hellblau - Wohnzimmer - haushoch - Tierbuch - Klassenzimmer - fingerbreit - kniehoch - Märchenbuch - Hotelzimmer - federleicht - wasserdicht

Zusammengesetzte Nomen und Adjektive bestehen jeweils aus mindestens zwei Wörtern, wobei das **erste Wort** das **Bestimmungswort (BW)** und das **zweite Wort** das **Grundwort (GW)** ist.

Wörter	+	Buch	=	Wörterbuch	Klasse	+	Zimmer	=	Klassenzimmer
hell	+	blau	=	hellblau	Haus	+	hoch	=	haushoch
BW	+	GW	=	zusammengesetztes Wort	BW	+	GW	=	zusammengesetztes Wort

Das Grundwort gibt an, worum es geht, z. B. Buch. Das Bestimmungswort gibt einen weiteren Hinweis zum Grundwort Buch, z. B. **Wörter**buch, **Tier**buch, **Märchen**buch, **Mal**buch, **Koch**buch usw. BW zum Grundwort blau, z. B. **hell**blau, **dunkel**blau, **marine**blau, **grau**blau, **himmel**blau.

Zusammengesetzte Wörter [|], bei denen das **Grundwort** ein **Nomen** [| N] oder ein **Adjektiv** [| A] ist, werden in der Regel zusammengeschrieben. Dabei gibt das Grundwort die Bedeutung des Wortes an und durch das Bestimmungswort wird diese Bedeutung noch genauer bestimmt.

Suche zu den folgenden Grundwörtern aus dem darunter stehenden Kästchen noch jeweils drei Bestimmungswörter.

Baum	kalt	Ball	hoch	Wasser	frei
Apfelbaum	eiskalt				

~~Apfel~~ - ~~Eis~~ - Haus - Tanne - Fuß - Fehler - Meer - bitter - Tee - Mann - Tennis - Sorgen - Kirsche - Schnee - nass - Knie - Mineral - Schwindel

Zusammensetzung bei Straßennamen

Auch bei Straßennamen zeigt das Bestimmungswort, um welche Straße es sich handelt, z. B. Bahnhofstraße, Burgstraße, Getreidegasse, Bäckerstraße, Karlsplatz, Goethestraße.

Eigene Beispiele: ______________________

Fugenbausteine verweisen auf die Zusammensetzung eines Wortes

Oft erkennt man die Zusammensetzung eines Wortes an dem Fugenbaustein **-s-**, z. B. Arbeit<u>s</u>zeit, alter<u>s</u>schwach oder den anderen Fugenbausteinen **-e-**, **-n-**, **-es-**, **-en-**, z. B. Schwein<u>e</u>braten, sonne<u>n</u>klar, Gott<u>es</u>dienst, held<u>en</u>haft.

❷ Wie ein Nomen gebrauchte Wortverbindungen

Mehrteilige andere Wörter, die als Nomen gebraucht werden (nominalisierte Wörter), werden **groß- und zusammengeschrieben** [↑ |].

Nomen + Verb: das Autofahren, beim Skilaufen, ______________________

Verb + Verb: das Schreibenlernen, beim Spazierengehen, ______________________

Adjektiv + Verb: zum Kleinschneiden, das Schnelllaufen, ______________________

Adjektiv + Partizip: das Kleingeschriebene, das Frischgeräucherte, ______________________

Verbindung mit „sein“: das Dasein, das Vorhandensein, ______________________

RS Name: ______________________ Datum: ______________________

Zusammenschreibung

❶ Zusammengesetzte Nomen [|N] und Adjektive [|A]

Trenne die folgenden zusammengesetzten Wörter durch einen senkrechten Strich voneinander ab.

> Wörter|buch - hell|blau - Wohn|zimmer - haus|hoch - Tier|buch - Klassen|zimmer - finger|breit - knie|hoch - Märchen|buch - Hotel|zimmer - feder|leicht - wasser|dicht

Zusammengesetzte Nomen und Adjektive bestehen jeweils aus mindestens zwei Wörtern, wobei das **erste Wort** das **Bestimmungswort (BW)** und das **zweite Wort** das **Grundwort (GW)** ist.

Wörter	+	Buch	=	Wörterbuch	Klasse	+	Zimmer	=	Klassenzimmer
hell	+	blau	=	hellblau	Haus	+	hoch	=	haushoch
BW	+	GW	=	zusammengesetztes Wort	BW	+	GW	=	zusammengesetztes Wort

Das Grundwort gibt an, worum es geht, z. B. Buch. Das Bestimmungswort gibt einen weiteren Hinweis zum Grundwort Buch, z. B. **Wörter**buch, **Tier**buch, **Märchen**buch, **Mal**buch, **Koch**buch usw. BW zum Grundwort blau, z. B. **hell**blau, **dunkel**blau, **marine**blau, **grau**blau, **himmel**blau.

> Zusammengesetzte Wörter [|], bei denen das **Grundwort** ein **Nomen** [|N] oder ein **Adjektiv** [|A] ist, werden in der Regel zusammengeschrieben. Dabei gibt das Grundwort die Bedeutung des Wortes an und durch das Bestimmungswort wird diese Bedeutung noch genauer bestimmt.

Suche zu den folgenden Grundwörtern aus dem darunter stehenden Kästchen noch jeweils drei Bestimmungswörter.

Baum	kalt	Ball	hoch	Wasser	frei
Apfelbaum	eiskalt	**Fußball**	**haushoch**	**Meerwasser**	**fehlerfrei**
Tannenbaum	**bitterkalt**	**Tennisball**	**mannshoch**	**Teewasser**	**sorgenfrei**
Kirschbaum	**nasskalt**	**Schneeball**	**kniehoch**	**Mineralwass.**	**schwindelfrei**

> ~~Apfel~~ - ~~Eis~~ - Haus - Tanne - Fuß - Fehler - Meer - bitter - Tee - Mann - Tennis - Sorgen - Kirsche - Schnee - nass - Knie - Mineral - Schwindel

Zusammensetzung bei Straßennamen

Auch bei Straßennamen zeigt das Bestimmungswort, um welche Straße es sich handelt, z. B. Bahnhofstraße, Burgstraße, Getreidegasse, Bäckerstraße, Karlsplatz, Goethestraße.

Eigene Beispiele: **Hadergasse, Kugelplatz, Mozartstraße, Augsburger Straße, Stillbergweg**

Fugenbausteine verweisen auf die Zusammensetzung eines Wortes

Oft erkennt man die Zusammensetzung eines Wortes an dem Fugenbaustein **-s-**, z. B. Arbeit**s**zeit, alter**s**schwach oder den anderen Fugenbausteinen **-e-**, **-n-**, **-es-**, **-en-**, z. B. Schwein**e**braten, sonne**n**klar, Gott**es**dienst, held**en**haft.

❷ Wie ein Nomen gebrauchte Wortverbindungen

Mehrteilige andere Wörter, die als Nomen gebraucht werden (nominalisierte Wörter), werden **groß- und zusammengeschrieben** [↑|] .

Nomen + Verb: das Autofahren, beim Skilaufen, **das Schlangestehen, beim Radiohören**

Verb + Verb: das Schreibenlernen, beim Spazierengehen, **das Sitzenbleiben, zum Lesenlernen**

Adjektiv + Verb: zum Kleinschneiden, das Schnellllaufen, **das Hochwerfen, das Langschlafen**

Adjektiv + Partizip: das Kleingeschriebene, das Frischgeräucherte, **das Hartgekochte**

Verbindung mit „sein“: das Dasein, das Vorhandensein, **das Bereitsein, beim Zusammensein**

RS	Name: ______________________	Datum: ______________	

Zusammengesetzte Verben

Verbindungen aus Adverb + Verb

Bei diesen Zusammensetzungen ist das Adverb meist deutlich stärker betont als das Verb, z. B. aufeinanderprallen, rückwärtsfahren, zusammensitzen.

Bilde jeweils noch vier weitere Adverb-Verb-Verbindungen und trage sie entsprechend ein. Setze unter die betonte Stelle einen Punkt.

aneinander	fahren
rückwärts	sitzen
vorbei	geraten
beieinander	liegen

aufwärts	holen
wieder	setzen
nebeneinander	machen
zunichte	streben

hinterher	lassen
darüber	schleichen
daneben	schreiben
hinaus	benehmen

aufeinandertreffen	vorwärtskommen	hinüberschauen

Verwende bei den Verben „bleiben“ und „lassen“ jeweils alle Adverbien und trage die Adverb-Verb-Verbindungen ein.

Adverbien		Verben
beieinander daheim dort draußen drinnen hier	+	bleiben lassen

-bleiben	- lassen

Setze jeweils die Wörter in der Klammer richtig ein.

Wir wollen niemals ______________________, sondern immer ______________________. (auseinander, zueinander, gehen, stehen) Ich möchte ______________ ______________ und erst morgen bei dir ______________________. (daheim, bleiben, heute, vorbei, Abend, kommen) Kannst du ______________________, warum das ______________________ ist? (heraus, daneben, finden, gegangen) Bevor du ______________________, musst du erst noch ein Stück ______________________. (vorwärts, zurück, stoßen, fahren) Ich möchte gerne noch __________-__________ und bei dem Fernsehfilm ______________________. (hier, daneben, bleiben, sitzen) Da musst du einfach ______________________ und darfst dich nicht ärgern, wenn du nicht ______________________. (darüber, dahinter, kommen, stehen)

Getrenntschreibung von Adverb-Verb-Verbindungen

Man schreibt jedoch die Adverb-Verb-Verbindungen getrennt, wenn nur das Verb oder beide Bestandteile betont werden, z. B. zusammen spielen, aufeinander achten, rückwärts einparken.
Im Zweifelsfall kann getrennt oder zusammengeschrieben werden, z. B. aufeinander folgen / aufeinanderfolgen, wieder einsetzen / wiedereinsetzen.

RS Name: ______________________ Datum: ______________________

Zusammengesetzte Verben

Verbindungen aus Adverb + Verb

Bei diesen Zusammensetzungen ist das Adverb meist deutlich stärker betont als das Verb, z. B. aufeinanderprallen, rückwärtsfahren, zusammensitzen.

Bilde jeweils noch vier weitere Adverb-Verb-Verbindungen und trage sie entsprechend ein.
Setze unter die betonte Stelle einen Punkt.

aneinander	fahren	aufwärts	holen	hinterher	lassen
rückwärts	sitzen	wieder	setzen	darüber	schleichen
vorbei	geraten	nebeneinander	machen	daneben	schreiben
beieinander	liegen	zunichte	streben	hinaus	benehmen

aufeinandertreffen	vorwärtskommen	hinüberschauen
aneinandergeraten	**aufwärtsstreben**	**hinterherschauen**
rückwärtsfahren	**wiederholen**	**darüberschreiben**
vorbeifliegen	**nebeneinandersetzen**	**danebenbenehmen**
beieinandersitzen	**zunichtemachen**	**hinauslassen**

Verwende bei den Verben „bleiben" und „lassen" jeweils alle Adverbien und trage die Adverb-Verb-Verbindungen ein.

beieinander, daheim, dort, draußen, drinnen, hier + bleiben, lassen

-bleiben	- lassen
beieinanderbleiben	**beieinanderlassen**
daheimbleiben	**daheimlassen**
dortbleiben	**dortlassen**
draußenbleiben	**draußenlassen**
drinnenbleiben	**drinnenlassen**
hierbleiben	**hierlassen**

Setze jeweils die Wörter in der Klammer richtig ein.

Wir wollen niemals **auseinandergehen**, sondern immer **zueinanderstehen**. (auseinander, zueinander, gehen, stehen) Ich möchte **heute Abend** **daheimbleiben** und erst morgen bei dir **vorbeikommen**. (daheim, bleiben, heute, vorbei, Abend, kommen) Kannst du **herausfinden**, warum das **danebengegangen** ist? (heraus, daneben, finden, gegangen) Bevor du **vorwärtsfährst**, musst du erst noch ein Stück **zurückstoßen**. (vorwärts, zurück, stoßen, fahren) Ich möchte gerne noch **hier**-**bleiben** und bei dem Fernsehfilm **danebensitzen**. (hier, daneben, bleiben, sitzen) Da musst du einfach **darüberstehen** und darfst dich nicht ärgern, wenn du nicht **dahinterkommst**. (darüber, dahinter, kommen, stehen)

Getrenntschreibung von Adverb-Verb-Verbindungen

Man schreibt jedoch die Adverb-Verb-Verbindungen getrennt, wenn nur das Verb oder beide Bestandteile betont werden, z. B. zusammen spielen, aufeinander achten, rückwärts einparken.
Im Zweifelsfall kann getrennt oder zusammengeschrieben werden, z. B. aufeinander folgen / aufeinanderfolgen, wieder einsetzen / wiedereinsetzen.

RS	Name: ______________________	Datum: ______________	

Zusammengesetzte Verben

❶ Nomen als erster Bestandteil des Verbs - heimgehen, teilnehmen

Hier ist das Nomen als Nomen kaum noch erkennbar, da es die Eigenschaft eines selbständigen Nomens weitgehend verloren hat. Bei „preisgeben“ z. B. denkt man nicht mehr an „Preis“.
Nur mit folgenden verblassten Nomen erfolgt eine Zusammenschreibung. Findest du mit den Verben im Kästchen jeweils mindestens ein zusammengesetztes Wort? Schreibe noch einen kleinen Satz dazu.

> bringen - finden - geben - gehen - haben - halten - laufen - nehmen - stehen - tun

eis - ______________________ ➪ ______________________

heim- ______________________ ➪ ______________________

kopf- ______________________ ➪ ______________________

leid- ______________________ ➪ ______________________

not- ______________________ ➪ ______________________

preis- ______________________ ➪ ______________________

stand- ______________________ ➪ ______________________

statt- ______________________ ➪ ______________________

teil- ______________________ ➪ ______________________

❷ Verbverbindungen mit unselbständigem ersten Bestandteil - fehlschlagen

Bei „fehlschlagen“ kommt der Bestandteil „fehl“ nicht als selbständiges Wort vor. Das Wort kann also nicht allein stehen, sondern ist auf ein weiteres selbständiges Wort angewiesen, mit dem es zusammengeschrieben wird, z. B. fehlschlagen, Fehlalarm.
Finde jeweils noch eine weitere Verbindung.

fehl-: fehlschlagen, ______________ weis-: weissagen, ______________

kund-: kundtun, ______________ wett-: wettmachen, ______________

Die folgenden Verbverbindungen haben als unselbständigen Bestandteil ein Adverb, das nur mit einem Verb auftreten kann und mit diesem zusammengeschrieben wird.

abhanden	finden		
überhand	halten	______________	______________
zugute	nehmen	______________	______________
vorlieb	kommen	______________	______________
zurecht	machen	______________	______________
hintan	stellen	______________	______________
überein			

Keiner kann sich in diesem ______________ noch ______________ (durcheinander, zurecht, finden).

Sie sind ______________ (überein, kommen) noch nicht ______________ (auseinander, gehen).

Man muss dir ______________ (zugute, halten), dass du ihn noch ______________ hast (heim, bringen).

RS	Name: ______________________	Datum: ______________	

Zusammengesetzte Verben

❶ Nomen als erster Bestandteil des Verbs - heimgehen, teilnehmen

Hier ist das Nomen als Nomen kaum noch erkennbar, da es die Eigenschaft eines selbständigen Nomens weitgehend verloren hat. Bei „preisgeben" z. B. denkt man nicht mehr an „Preis".
Nur mit folgenden verblassten Nomen erfolgt eine Zusammenschreibung. Findest du mit den Verben im Kästchen jeweils mindestens ein zusammengesetztes Wort? Schreibe noch einen kleinen Satz dazu.

bringen - finden - geben - gehen - haben - halten - laufen - nehmen - stehen - tun

eis -	**eislaufen**	➪	**Sie läuft gerne eis.**
heim-	**heimbringen, heimfinden, heimgehen**	➪	**Ich bringe dich heute heim.**
kopf-	**kopfstehen**	➪	**Bei diesem Ereignis steht er kopf.**
leid-	**leidtun**	➪	**Es tut mir leid, dass du schon gehen musst.**
not-	**nottun**	➪	**Es tut not, hier zu helfen.**
preis-	**preisgeben**	➪	**Ich gebe mein Geheimnis auf keinen Fall preis.**
stand-	**standhalten**	➪	**Hältst du dieser Versuchung stand?**
statt-	**stattfinden, stattgeben, statthalten**	➪	**Findet die Vorstellung statt?**
teil-	**teilhaben, teilnehmen**	➪	**Er nimmt an der Olympiade teil.**

❷ Verbverbindungen mit unselbständigem ersten Bestandteil - fehlschlagen

Bei „fehlschlagen" kommt der Bestandteil „fehl" nicht als selbständiges Wort vor. Das Wort kann also nicht allein stehen, sondern ist auf ein weiteres selbständiges Wort angewiesen, mit dem es zusammengeschrieben wird, z. B. fehlschlagen, Fehlalarm.
Finde jeweils noch eine weitere Verbindung.

fehl-: fehlschlagen, **fehlgehen** weis-: weissagen, **weismachen**

kund-: kundtun, **kundgeben** wett-: wettmachen, **wetteifern**

Die folgenden Verbverbindungen haben als unselbständigen Bestandteil ein Adverb, das nur mit einem Verb auftreten kann und mit diesem zusammengeschrieben wird.

abhanden	finden	**abhandenkommen**	**zurechtfinden**
überhand	halten	**zugutehalten**	**zurechtkommen**
zugute	nehmen	**zugutekommen**	**überhandnehmen**
vorlieb	kommen	**übereinkommen**	**zurechtmachen**
zurecht	machen	**vorliebnehmen**	**hintanstellen**
hintan	stellen		
überein			

Keiner kann sich in diesem **Durcheinander** noch **zurechtfinden** (durcheinander, zurecht, finden).

Sie sind **übereingekommen** (überein, kommen) noch nicht **auseinanderzugehen** (auseinander, gehen).

Man muss dir **zugutehalten** (zugute, halten), dass du ihn noch **heimgebracht** hast (heim, bringen).

RS Name: ______________________ Datum: ______________

Getrenntschreibung: Verbindungen aus Nomen und Verb

Nomen + Verb - Auto fahren, Angst haben

Bei der Schreibung folgender Tätigkeiten ist einiges durcheinandergeraten. Setze richtig zusammen und ergänze vier weitere Beschäftigungen.

Rad	hören
Radio	lesen
Fußball	sammeln
Kuchen	fahren
Briefmarken	backen
Zeitung	spielen

Nomen + Verb	Nomen + Verb

Verbindungen aus einem **Nomen** und einem **Verb** werden **getrennt geschrieben**.

Was fällt dir bei den folgenden Sätzen auf? Schreibe das entscheidende Wort nochmals auf.

Das Radfahren ist gesund. ______________

Vater möchte beim Zeitungslesen nicht gestört werden. ______________

An diesem Hang ist das Skilaufen wegen Lawinengefahr verboten. ______________

Die Mutter hat heute beim Kuchenbacken ein Lied gesungen. ______________

Werden Nomen-Verb-Verbindungen wie **Nomen** gebraucht, schreibt man sie **zusammen**.

Kannst du jeweils die Wörter richtig einsetzen?

Angst haben/Angsthaben	vor Hunden ______________
Geld zählen/Geldzählen	beim ______________ sich verzählt haben
Wörter lernen/Wörterlernen	beim Nachschlagen neue ______________
Schlitten fahren/Schlittenfahren	am Wochenende zum ______________ gehen
Musik hören/Musikhören	beim ______________ sich entspannen

Fülle die Tabelle nach gegebenem Muster aus.

Grundform	Gegenwart (Präsens) ich/er/sie	2. Vergangenheit	wie ein Nomen gebraucht das/beim
Rad fahren	ich fahre Rad	ich bin Rad gefahren	das/beim Radfahren
Klavier spielen			
Angst haben			
Probleme lösen			
Pilze sammeln			
Ski laufen			
Not leiden			

aber: nottun, eislaufen, heimgehen

Verbindungen von **Nomen** und **Verb** werden meist **getrennt geschrieben**.
Aber: Wenn diese Verbindung wie ein **Nomen** gebraucht wird, schreibt man sie **zusammen**.

RS Name: ______________________ Datum: ______________________

Getrenntschreibung: Verbindungen aus Nomen und Verb

Nomen + Verb - Auto fahren, Angst haben

Bei der Schreibung folgender Tätigkeiten ist einiges durcheinandergeraten. Setze richtig zusammen und ergänze vier weitere Beschäftigungen.

Rad	hören
Radio	lesen
Fußball	sammeln
Kuchen	fahren
Briefmarken	backen
Zeitung	spielen

Nomen + Verb	Nomen + Verb
Rad fahren	**Kuchen backen**
Radio hören	**Briefmarken sammeln**
Fußball spielen	**Zeitung lesen**
Schritt halten	**Fuß fassen**
Geld zählen	**Brief schreiben**
Schach spielen	**Rasen mähen**

Verbindungen aus einem **Nomen** und einem **Verb** werden **getrennt geschrieben**.

Was fällt dir bei den folgenden Sätzen auf? Schreibe das entscheidende Wort nochmals auf.

Das Radfahren ist gesund.	**das Radfahren**
Vater möchte beim Zeitungslesen nicht gestört werden.	**beim Zeitungslesen**
An diesem Hang ist das Skilaufen wegen Lawinengefahr verboten.	**das Skilaufen**
Die Mutter hat heute beim Kuchenbacken ein Lied gesungen.	**beim Kuchenbacken**

Werden Nomen-Verb-Verbindungen wie **Nomen** gebraucht, schreibt man sie **zusammen**.

Kannst du jeweils die Wörter richtig einsetzen?

Angst haben/Angsthaben	vor Hunden **Angst haben**
Geld zählen/Geldzählen	beim **Geldzählen** sich verzählt haben
Wörter lernen/Wörterlernen	beim Nachschlagen neue **Wörter lernen**
Schlitten fahren/Schlittenfahren	am Wochenende zum **Schlittenfahren** gehen
Musik hören/Musikhören	beim **Musikhören** sich entspannen

Fülle die Tabelle nach gegebenem Muster aus.

Grundform	Gegenwart (Präsens) ich/er/sie	2. Vergangenheit	wie ein Nomen gebraucht das/beim
Rad fahren	ich fahre Rad	ich bin Rad gefahren	das/beim Radfahren
Klavier spielen	**er spielt Klavier**	**er hat Klavier gespielt**	**das/beim Klavierspielen**
Angst haben	**ich habe Angst**	**ich habe Angst gehabt**	**das Angsthaben**
Probleme lösen	**sie löst Probleme**	**sie hat Probleme gelöst**	**das/beim Problemlösen**
Pilze sammeln	**er sammelt Pilze**	**er hat Pilze gesammelt**	**das/beim Pilzesammeln**
Ski laufen	**ich laufe Ski**	**ich bin Ski gelaufen**	**das/beim Skilaufen**
Not leiden	**er leidet Not**	**er hat Not gelitten**	**das Notleiden**

aber: nottun, eislaufen, heimgehen

Verbindungen von **Nomen** und **Verb** werden meist **getrennt geschrieben**.
Aber: Wenn diese Verbindung wie ein **Nomen** gebraucht wird, schreibt man sie **zusammen**.

RS Name: ______________________ Datum: ______________

Getrenntschreibung: Verbindungen aus Verb und Verb

Verb + Verb - spazieren gehen, schreiben lernen, spielen können

Welche Gemeinsamkeit haben folgende Wörterverbindungen? Kannst du die Regel vervollständigen?

kennen lernen - spazieren gehen - schreiben lernen - hängen lassen - bestehen bleiben

Verbindungen aus einem __________ und einem __________ werden ______________ geschrieben. Dabei können beide Verben jeweils in der ______________ (**Infinitiv**) stehen.

Wie viele solcher Verb-Verb-Verbindungen mit den Wörtern in den beiden Kästchen findest du?

Verb	+	Verb
fallen hängen kennen laufen liegen schätzen sitzen stehen		lernen lassen bleiben

lernen	lassen	bleiben

aber: das Schätzenlassen, beim Kennenlernen, das Sitzenbleiben

Werden Verb-Verb-Verbindungen als **Nomen** gebraucht, werden sie **zusammengeschrieben**.

Setze jeweils die Wörter ein.

Willst du hier noch ______________ (sitzen, bleiben) oder wollen wir noch ein wenig ______________ (spazieren, gehen). Ich habe zu Hause meinen Geldbeutel ______________ (lassen, liegen) und muss deshalb den Einkauf ______________ (bleiben, lassen).
Das ______________ von schätzen lernen ist richtig (getrennt, schreiben).
Opa erzählt beim ______________ immer nette Geschichten (spazieren, gehen). Ich habe ______________ (heute, Morgen) in der Schule meine Jacke ______________ (hängen, lassen).
Mama sorgt immer für das ______________ der Weihnachtsgeschenke (versteckt, halten).

Was kannst du bei den folgenden Verb-Verb-Verbindungen jeweils feststellen?

strahlend lachen - sitzend arbeiten - gefangen nehmen - getrennt leben - liegen gelassen
lachend geantwortet - versteckt geblieben - getrennt geschrieben - schwankend gegangen

Von den beiden Verben kann auch eines oder können beide im **Partizip** stehen.

Finde noch weitere Verbindungen mit den Wörtern im Kästchen. Einige Wörter kannst du mehrfach verwenden.

bleiben - drohend - geblieben - sagen - gelassen - geschrieben - getrennt - lächelnd - liegen - schreiben - sitzen - fluchen

bleiben gelassen	

RS	Name:	Datum:

Getrenntschreibung: Verbindungen aus Verb und Verb

Verb + Verb - spazieren gehen, schreiben lernen, spielen können

Welche Gemeinsamkeit haben folgende Wörterverbindungen? Kannst du die Regel vervollständigen?

kennen lernen - spazieren gehen - schreiben lernen - hängen lassen - bestehen bleiben

Verbindungen aus einem **Verb** und einem **Verb** werden **getrennt** geschrieben. Dabei können beide Verben jeweils in der **Grundform** (**Infinitiv**) stehen.

Wie viele solcher Verb-Verb-Verbindungen mit den Wörtern in den beiden Kästchen findest du?

Verb	+ Verb
fallen, hängen, kennen, laufen, liegen, schätzen, sitzen, stehen	lernen, lassen, bleiben

lernen	lassen	bleiben
kennen lernen	**fallen lassen**	**hängen bleiben**
laufen lernen	**hängen lassen**	**liegen bleiben**
schätzen lernen	**laufen lassen**	**sitzen bleiben**
	liegen lassen	**stehen bleiben**
	schätzen lassen	
	sitzen lassen	
	stehen lassen	

aber: das Schätzenlassen, beim Kennenlernen, das Sitzenbleiben

Werden Verb-Verb-Verbindungen als **Nomen** gebraucht, werden sie **zusammengeschrieben**.

Setze jeweils die Wörter ein.

Willst du hier noch **sitzen bleiben** (sitzen, bleiben) oder wollen wir noch ein wenig **spazieren gehen** (spazieren, gehen). Ich habe zu Hause meinen Geldbeutel **liegen lassen** (lassen, liegen) und muss deshalb den Einkauf **bleiben lassen** (bleiben, lassen).
Das **Getrenntschreiben** von schätzen lernen ist richtig (getrennt, schreiben).
Opa erzählt beim **Spazierengehen** immer nette Geschichten (spazieren, gehen). Ich habe **heute Morgen** (heute, Morgen) in der Schule meine Jacke **hängen lassen** (hängen, lassen).
Mama sorgt immer für das **Versteckthalten** der Weihnachtsgeschenke (versteckt, halten).

Was kannst du bei den folgenden Verb-Verb-Verbindungen jeweils feststellen?

strahlend lachen - sitzend arbeiten - gefangen nehmen - getrennt leben - liegen gelassen
lachend geantwortet - versteckt geblieben - getrennt geschrieben - schwankend gegangen

Von den beiden Verben kann auch eines oder können beide im **Partizip** stehen.

Finde noch weitere Verbindungen mit den Wörtern im Kästchen. Einige Wörter kannst du mehrfach verwenden.

bleiben - drohend - geblieben - sagen - gelassen - geschrieben - getrennt - lächelnd - liegen - schreiben - sitzen - fluchen

bleiben gelassen	**getrennt geblieben**
drohend fluchen	**getrennt schreiben**
sitzen geblieben	**getrennt geschrieben**
sitzen gelassen	**liegen gelassen**
lächelnd sagen	**getrennt bleiben**

RS	Name: ______________________	Datum: ______________

Getrenntschreibung: Verbindungen aus Verb und Verb

Verb + Verb - sitzen bleiben/sitzenbleiben, hängen lassen/hängenlassen

Verb-Verb-Verbindungen mit **bleiben** oder **lassen** als zweitem Bestandteil können auch (müssen aber nicht) zusammengeschrieben werden, wenn die Verbindung nicht **wörtlich** gebraucht wird, sondern eine **neue (übertragene) Bedeutung** erhält.

Beispiele:

wörtliche Bedeutung [V] [V]	neue (übertragene) Bedeutung [V|V]
sitzen bleiben = auf dem Platz sitzen bleiben	sitzenbleiben = nicht versetzt werden
hängen lassen = etwas an der Gaderobe hängen lassen	hängenlassen = im Stich lassen, ohne Antrieb sein

Du hast bereits Verb- Verb-Verbindungen mit bleiben und lassen kennengelernt. Findest du von diesen Verbindungen solche, die auch eine andere übertragene Bedeutung haben und deshalb zusammengeschrieben werden können?

Schreibe unten vor diese neue Bedeutung die entsprechende [V|V].

______________ (im Stich lassen) ______________ (nicht erledigt werden)

______________ (im Gedächtnis behalten) ______________ (freilassen)

______________ (aufgeben) ______________ (jem. nicht beachten)

Bei kennen lernen/kennenlernen sind in jedem Fall beide Schreibweisen möglich.

- Bevorzuge die [V|V] , wenn du dir sicher bist, dass diese Verb-Verb-Verbindung im übertragenen Sinn gebraucht wird. Wenn du es nicht genau weißt, schreibe getrennt.

Verbindungen mit sein (gewesen) - da sein, da gewesen, fort sein, fort gewesen

Finde jeweils mit den Wörtern im Kästchen noch die Verbindung mit „sein" und „gewesen" und trage sie in die Tabelle ein. Ergänze diese nach und nach.

zufrieden - zusammen - vorbei - fertig - neu - weg - spitze - klasse

da sein	da gewesen	fort sein	fort gewesen

Aber: das Dasein, das Vorhandensein, beim Zusammensein

Verbindungen mit dem **Verb „sein"** und **„gewesen"** (= Partizip von sein) werden **grundsätzlich getrennt geschrieben**. Wird die Verbindung als **Nomen** bebraucht, schreibt man sie groß und **zusammen**.

Setze jeweils richtig ein.

Du kannst ______________ (sicher, sein), dass ich ganz ______________ (glücklich, sein), wenn alles ______________ (vorbei, sein). Wir wollen heute ______________ (beieinander, sein) und miteinander ______________ (fröhlich, sein). Als ich bei ihm ______________ (da, sein) bin, war er mit seinen Hausaufgaben noch nicht ______________ (fertig, sein). Beim ______________ (zusammen, sein) im Sportheim konnte jeder, der ______________ (dabei, sein) war, feststellen, dass die Stimmung ______________ (spitze, sein) war.

RS Name: ______________________ Datum: ______________

Getrenntschreibung: Verbindungen aus Verb und Verb

Verb + Verb - sitzen bleiben/sitzenbleiben, hängen lassen/hängenlassen

Verb-Verb-Verbindungen mit **bleiben** oder **lassen** als zweitem Bestandteil können auch (müssen aber nicht) zusammengeschrieben werden, wenn die Verbindung nicht **wörtlich** gebraucht wird, sondern eine **neue (übertragene) Bedeutung** erhält.

Beispiele:

wörtliche Bedeutung [V] [V]	neue (übertragene) Bedeutung [V|V]
sitzen bleiben = auf dem Platz sitzen bleiben	sitzenbleiben = nicht versetzt werden
hängen lassen = etwas an der Gaderobe hängen lassen	hängenlassen = im Stich lassen, ohne Antrieb sein

Du hast bereits Verb- Verb-Verbindungen mit bleiben und lassen kennengelernt. Findest du von diesen Verbindungen solche, die auch eine andere übertragene Bedeutung haben und deshalb zusammengeschrieben werden können?

Schreibe unten vor diese neue Bedeutung die entsprechende [V|V].

sitzenlassen (im Stich lassen) — **liegenbleiben** (nicht erledigt werden)

hängenbleiben (im Gedächtnis behalten) — **laufenlassen** (freilassen)

fallenlassen (aufgeben) — **stehenlassen** (jem. nicht beachten)

Bei kennen lernen/kennenlernen sind in jedem Fall beide Schreibweisen möglich.

- Bevorzuge die [V|V] , wenn du dir sicher bist, dass diese Verb-Verb-Verbindung im übertragenen Sinn gebraucht wird. Wenn du es nicht genau weißt, schreibe getrennt.

Verbindungen mit sein (gewesen) - da sein, da gewesen, fort sein, fort gewesen

Finde jeweils mit den Wörtern im Kästchen noch die Verbindung mit „sein" und „gewesen" und trage sie in die Tabelle ein. Ergänze diese nach und nach.

zufrieden - zusammen - vorbei - fertig - neu - weg - spitze - klasse

da sein	da gewesen	fort sein	fort gewesen
zufrieden sein	**zufrieden gewesen**	**zusammen sein**	**zusammen gewesen**
vorbei sein	**vorbei gewesen**	**fertig sein**	**fertig gewesen**
neu sein	**neu gewesen**	**weg sein**	**weg gewesen**
spitze sein	**spitze gewesen**	**klasse sein**	**klasse gewesen**

Aber: das Dasein, das Vorhandensein, beim Zusammensein

Verbindungen mit dem **Verb „sein"** und **„gewesen"** (= Partizip von sein) werden **grundsätzlich getrennt geschrieben**. Wird die Verbindung als **Nomen** bebraucht, schreibt man sie groß und **zusammen**.

Setze jeweils richtig ein.

Du kannst **sicher sein** (sicher, sein), dass ich ganz **glücklich bin** (glücklich, sein), wenn alles **vorbei ist** (vorbei, sein). Wir wollen heute **beieinander sein** (beieinander, sein) und miteinander **fröhlich sein** (fröhlich, sein). Als ich bei ihm **da gewesen** (da, sein) bin, war er mit seinen Hausaufgaben noch nicht **fertig gewesen** (fertig, sein). Beim **Zusammensein** (zusammen, sein) im Sportheim konnte jeder, der **dabei gewesen** (dabei, sein) war, feststellen, dass die Stimmung **spitze gewesen** (spitze, sein) war.

RS	Name: ______________________	Datum: ______________	

Getrenntschreibung: Verbindungen aus Adjektiv und Verb

Bei diesen Verbindungen von Adjektiv + Verb gibt es drei Möglichkeiten:

- nur Getrenntschreibung ist möglich - nur [A][V]
- Getrennt- und Zusammenschreibung ist möglich - [A] [V] + [A|V]
- nur Zusammenschreibung ist möglich - nur [A|V]

Adjektiv + Verb - schnell fahren, richtig rechnen, kritisch lesen - nur [A] [V]

> Verbindungen aus Adjektiv und Verb werden meist **getrennt** geschrieben.

Suche zu den Adjektiven **schnell**, **richtig**, **gut** und **laut** drei passende Adjektiv-Verb-Verbindungen.

schnell fahren	richtig rechnen	laut schreien	gut schlafen
______	______	______	______
______	______	______	______
______	______	______	______

Setze die jeweiligen Wörter ein.

Du musst ______________ (laut, reden), damit ich dich ______________ (gut, verstehen).
Wenn du schwierige Wörter ______________ (richtig, schreiben) willst, musst du sie ______________ (häufig, wiederholen).
Bitte die Toiletten ______________ (gründlich, reinigen) und immer ______________ (sauber, halten) Mutter: „Ich würde es euch ______________ (übel, nehmen), wenn von dem guten Essen noch etwas ______________ (übrig, bleiben).“

Adjektiv + Verb - blau streichen/blaustreichen, leer essen/leeressen - [A] [V] + [A|V]

> Wenn bei einer Adjektiv-Verb-Verbindung das Adjektiv auch das **Ergebnis (Resultat)** einer Tätigkeit bezeichnet, sind beide Schreibweisen möglich, z. B. den Teller **leer essen** oder den Teller **leeressen** (resultative Bedeutung).

Der Teller ist leer als Ergebnis bzw. Resultat der Tätigkeit „essen“.
kalt stellen/kaltstellen: Das Bier ist kalt als Resultat der Tätigkeit „kaltstellen“.

Findest du fünf Adjektiv-Verb-Verbindungen mit resultativer Bedeutung?
Schreibe zunächst beide Schreibweisen. Bilde dann eine kleine Wortgruppe und bevorzuge in dieser die Getrenntschreibung. Du schreibst dann diese Adjektiv-Verb-Verbindungen genau wie die meisten anderen Adjektiv-Verb-Verbindungen auseinander [A] [V].

Adjektiv	+	Verb
blank		anstreichen
glatt		biegen
weiß		polieren
gerade		hobeln
klein		rütteln
wach		schneiden

blank polieren/blankpolieren; den Herd blank polieren

____

____

____

____

____

Aber: festnageln, totschlagen, volltanken. Nur in der Zusammenschreibung gebräuchlich.

Er hat zuerst das Brett ______________ (glatt, hobeln) und dann ______________ (grün, streichen). Soll ich das Ei ______________ (hart, kochen) oder ______________ (weich, kochen)?

RS	Name: ______________________	Datum: ______________

Getrenntschreibung: Verbindungen aus Adjektiv und Verb

Bei diesen Verbindungen von Adjektiv + Verb gibt es drei Möglichkeiten:
- nur Getrenntschreibung ist möglich - nur [A][V]
- Getrennt- und Zusammenschreibung ist möglich - [A] [V] + [A|V]
- nur Zusammenschreibung ist möglich - nur [A|V]

Adjektiv + Verb - schnell fahren, richtig rechnen, kritisch lesen - nur [A] [V]

Verbindungen aus Adjektiv und Verb werden meist **getrennt** geschrieben.

Suche zu den Adjektiven **schnell**, **richtig**, **gut** und **laut** drei passende Adjektiv-Verb-Verbindungen.

schnell fahren	richtig rechnen	laut schreien	gut schlafen
schnell laufen	**richtig schreiben**	**laut lachen**	**gut schmecken**
schnell gehen	**richtig handeln**	**laut reden**	**gut lesen**
schnell finden	**richtig feststellen**	**laut toben**	**gut aufpassen**

Setze die jeweiligen Wörter ein.

Du musst **laut reden** (laut, reden), damit ich dich **gut verstehe** (gut, verstehen). Wenn du schwierige Wörter **richtig schreiben** (richtig, schreiben) willst, musst du sie **häufig wiederholen** (häufig, wiederholen).

Bitte die Toiletten **gründlich reinigen** (gründlich, reinigen) und immer **sauber halten** (sauber, halten). Mutter: „Ich würde es euch **übel nehmen** (übel, nehmen), wenn von dem guten Essen noch etwas **übrig bleibt** (übrig, bleiben).“

Adjektiv + Verb - blau streichen/blaustreichen, leer essen/leeressen - [A][V] + [A|V]

Wenn bei einer Adjektiv-Verb-Verbindung das Adjektiv auch das **Ergebnis (Resultat)** einer Tätigkeit bezeichnet, sind beide Schreibweisen möglich, z. B. den Teller **leer essen** oder den Teller **leeressen** (resultative Bedeutung).

Der Teller ist leer als Ergebnis bzw. Resultat der Tätigkeit „essen“.
kalt stellen/kaltstellen: Das Bier ist kalt als Resultat der Tätigkeit „kaltstellen“.

Findest du fünf Adjektiv-Verb-Verbindungen mit resultativer Bedeutung?
Schreibe zunächst beide Schreibweisen. Bilde dann eine kleine Wortgruppe und bevorzuge in dieser die Getrenntschreibung. Du schreibst dann diese Adjektiv-Verb-Verbindungen genau wie die meisten anderen Adjektiv-Verb-Verbindungen auseinander [A] [V].

Adjektiv	+	Verb
blank		anstreichen
glatt		biegen
weiß		polieren
gerade		hobeln
klein		rütteln
wach		schneiden

blank polieren/blankpolieren; den Herd blank polieren
weiß anstreichen/weißanstreichen; die Wand weiß anstreichen
glatt hobeln/glatthobeln; das Brett glatt hobeln
gerade biegen/geradebiegen; den Draht gerade biegen
klein schneiden/kleinschneiden; das Papier klein schneiden
wach rütteln/wachrütteln; beim Wecken wach rütteln

Aber: festnageln, totschlagen, volltanken. Nur in der Zusammenschreibung gebräuchlich.

Er hat zuerst das Brett **glatt gehobelt** (glatt, hobeln) und dann **grün gestrichen** (grün, streichen). Soll ich das Ei **hart kochen** (hart, kochen) oder **weich kochen** (weich, kochen)?

RS	Name: ____________________	Datum: ____________

Verbindungen aus Adjektiv und Verb

Adjektiv + Verb - gutschreiben, freisprechen, offenbleiben - nur A V

Es gibt Verbindungen aus Adjektiv und Verb, die im **wörtlichen** Sinn **getrennt geschrieben** und im **übertragenen** Sinn **zusammengeschrieben** werden.

„gut schreiben" bedeutet im wörtlichen Sinn = gut/leserlich schreiben
„gutschreiben" bedeutet im übertragenen Sinn = einen Betrag gutschreiben, anrechnen
frei sprechen im w.S. = frei sprechen, ohne Manuskript und ohne Ablesen
freisprechen im ü.S. = für nicht schuldig erklären (Freispruch)
offen bleiben im w.S. = geöffnet bleiben, z. B. die Tür soll offen bleiben
offenbleiben im ü.S. = ungeklärt sein, z. B. eine Frage, die offenbleibt

Findest du in dem Kästchen diejenigen Adjektiv-Verb-Verbindungen, die auch noch in einem anderen (übertragenen) Sinn gebraucht werden können und dann zusammengeschrieben werden müssen.

schön malen - aufmerksam zuhören - kürzer treten - leicht fallen - laut singen - kalt stellen - dicht halten - schnell laufen - leise flüstern - schief gehen - frei machen

Schreibe vor die Klammer das passende Verb mit dieser übertragenen Bedeutung.

kürzertreten (sich einschränken) ____________ (nichts verraten)
____________ (wenig Mühe machen) ____________ (misslingen)
____________ (politisch ausschalten) ____________ (frankieren)

Finde aus den beiden Kästchen Verbindungen aus Adjektiv + Verb, die eine übertragene Bedeutung haben. Du kannst einzelne Wörter mehrfach verwenden. Schreibe die Wörter vor die bereits vorgegebene übertragene Bedeutung.

Adjektiv	+	Verb
krank		fahren
flüssig		stellen
leicht		schreiben
richtig		fallen
schwarz		machen
schwer		

krankschreiben (eine Krankheit bescheinigen)
____________ (nicht arbeiten, da angeblich krank)
____________ (Werte in Geld umwandeln)
____________ (wenig Mühe machen)
____________ (viel Mühe machen)
____________ (ohne Fahrkarte fahren)
____________ (etwas korrigieren)

Findest du auch Adjektiv-Verb-Verbindungen, die in wörtlichem Sinn gebraucht werden und deshalb getrennt geschrieben werden müssen?

____________ ____________ ____________
____________ ____________ ____________

Kannst du jeweils die angegebenen Wörter richtig einsetzen?

Wer nicht ____________, muss öfter auch einmal ____________ (genug, kürzer, treten, verdienen). Ich habe ____________ und deshalb ist mir das gute Ergebnis ____________ (fleißig, leicht, lernen, fallen). Habe ich alles ____________ oder muss noch etwas ____________ werden (richtig, richtig, schreiben, stellen)? Es lohnt sich nicht ____________, weil das auch schnell ____________ kann und dann ein ____________ ____________ Fahrpreis ____________ (schwarz, schief, fahren, gehen, stark erhöhen, fällig, werden).

RS	Name: ______________________	Datum: ______________	

Verbindungen aus Adjektiv und Verb

Adjektiv + Verb - gutschreiben, freisprechen, offenbleiben - nur A V

Es gibt Verbindungen aus Adjektiv und Verb, die im **wörtlichen** Sinn **getrennt geschrieben** und im **übertragenen** Sinn **zusammengeschrieben** werden.

„gut schreiben“ bedeutet im wörtlichen Sinn = gut/leserlich schreiben
„gutschreiben“ bedeutet im übertragenen Sinn = einen Betrag gutschreiben, anrechnen
frei sprechen im w.S. = frei sprechen, ohne Manuskript und ohne Ablesen
freisprechen im ü.S. = für nicht schuldig erklären (Freispruch)
offen bleiben im w.S. = geöffnet bleiben, z. B. die Tür soll offen bleiben
offenbleiben im ü.S. = ungeklärt sein, z. B. eine Frage, die offenbleibt

Findest du in dem Kästchen diejenigen Adjektiv-Verb-Verbindungen, die auch noch in einem anderen (übertragenen) Sinn gebraucht werden können und dann zusammengeschrieben werden müssen.

schön malen - aufmerksam zuhören - kürzer treten - leicht fallen - laut singen - kalt stellen - dicht halten - schnell laufen - leise flüstern - schief gehen - frei machen

Schreibe vor die Klammer das passende Verb mit dieser übertragenen Bedeutung.

kürzertreten	(sich einschränken)	**dichthalten**	(nichts verraten)
leichtfallen	(wenig Mühe machen)	**schiefgehen**	(misslingen)
kaltstellen	(politisch ausschalten)	**freimachen**	(frankieren)

Finde aus den beiden Kästchen Verbindungen aus Adjektiv + Verb, die eine übertragene Bedeutung haben. Du kannst einzelne Wörter mehrfach verwenden. Schreibe die Wörter vor die bereits vorgegebene übertragene Bedeutung.

Adjektiv	+	Verb
krank		fahren
flüssig		stellen
leicht		schreiben
richtig		fallen
schwarz		machen
schwer		

krankschreiben	(eine Krankheit bescheinigen)
krankmachen	(nicht arbeiten, da angeblich krank)
flüssigmachen	(Werte in Geld umwandeln)
leichtfallen	(wenig Mühe machen)
schwerfallen	(viel Mühe machen)
schwarzfahren	(ohne Fahrkarte fahren)
richtigstellen	(etwas korrigieren)

Findest du auch Adjektiv-Verb-Verbindungen, die in wörtlichem Sinn gebraucht werden und deshalb getrennt geschrieben werden müssen?

flüssig schreiben	**richtig schreiben**	**richtig fahren**
flüssig fahren	**krank liegen**	**richtig machen**

Kannst du jeweils die angegebenen Wörter richtig einsetzen?

Wer nicht **genug verdient**, muss öfter auch einmal **kürzertreten** (genug, kürzer, treten, verdienen). Ich habe **fleißig gelernt** und deshalb ist mir das gute Ergebnis **leichtgefallen** (fleißig, leicht, lernen, fallen). Habe ich alles **richtig geschrieben** oder muss noch etwas **richtiggestellt** werden (richtig, richtig, schreiben, stellen)? Es lohnt sich nicht **schwarzzufahren**, weil das auch schnell **schiefgehen** kann und dann ein **stark erhöhter** Fahrpreis **fällig wird** (schwarz, schief, fahren, gehen, stark erhöhen, fällig, werden).

RS	Name: ______________________	Datum: ______________

Getrennt- und Zusammenschreibung: Verbindungen aus Adjektiv und Verb

Merkpunkt	A V Verbindung in wörtlichem Sinn	Bedeutung in übertragenem Sinn	deshalb A V	kleine Wortgruppe
O	allein stehen	ohne (Ehe)Partner sein	alleinstehen	eine alleinstehende Mutter
O	falsch spielen	betrügen	falschspielen	
O	fertig bringen	zustande bringen, vollbringen	fertigbringen	
O	fertig machen	zermürben, besiegen	fertigmachen	
O	flüssig machen	Werte in Geld umwandeln	flüssigmachen	
O	glatt gehen	ohne Probleme ablaufen	glattgehen	
O	gut tun	ein Wohlgefühl erzeugen	guttun	
O	kalt lassen	nicht berühren	kaltlassen	
O	klar machen	verdeutlichen	klarmachen	
O	klar sehen	etwas verstehen	klarsehen	
O	krank machen	nicht arbeiten, krankfeiern	krankmachen	
O	krank schreiben	eine Krankheit bescheinigen	krankschreiben	
O	krumm legen (sich)	sich abmühen	krummlegen (sich)	
O	kürzer treten	sich einschränken	kürzertreten	
O	lahm legen	zum Stillstand bringen	lahmlegen	
O	leicht fallen	wenig Mühe machen	leichtfallen	
O	leicht nehmen	unbekümmert hinnehmen	leichtnehmen	
O	leicht tun (sich)	keine Probleme haben mit etw.	leichttun (sich)	
O	nahe bringen	erklären, vertraut machen	nahebringen	
O	nahe gehen	stark berühren / treffen	nahegehen	
O	nahe kommen (sich)	miteinander vertraut werden	nahekommen (sich)	
O	nahe legen	empfehlen	nahelegen	
O	nahe liegen	sich anbieten	naheliegen	
O	offen bleiben	ungelöst bleiben	offenbleiben	
O	offen legen	Einblick gewähren	offenlegen	
O	richtig liegen	Recht/recht haben	richtigliegen	
O	richtig stellen	korrigieren	richtigstellen	
O	satt haben	nicht mehr mögen	satthaben	
O	scharf machen	aufhetzen	scharfmachen	
O	schief gehen	misslingen	schiefgehen	
O	schwarz ärgern (sich)	sich sehr ärgern	schwarzärgern (sich)	
O	schwarz sehen	pessimitisch sein	schwarzsehen	
O	schwer fallen	Schwierigkeiten bereiten	schwerfallen	
O	schwer tun (sich)	sich abmühen	schwertun (sich)	
O	stark machen (sich)	sich einsetzen für etw./jmdn.	starkmachen (sich)	
O	wach halten/wachhalten	in Erinnerung behalten	wachhalten	
O	warm halten/warmhalten	für seine Gunst erhalten	warmhalten	
O	weich klopfen	zum Nachgeben bewegen	weichklopfen	
O	wichtig machen (sich)	sich hervortun	wichtigmachen (sich)	
O	wohl tun	angenehm sein	wohltun	
O	zufrieden geben (sich)	sich mit etwas begnügen	zufriedengeben (sich)	
O	zufrieden lassen	in Ruhe lassen	zufriedenlassen	

RS	Name:	Datum:

Getrennt- und Zusammenschreibung: Verbindungen aus Adjektiv und Verb

Merkpunkt	A V Verbindung in wörtlichem Sinn	Bedeutung in übertragenem Sinn	deshalb A V	kleine Wortgruppe
O	allein stehen	ohne (Ehe)Partner sein	alleinstehen	eine alleinstehende Mutter
O	falsch spielen	betrügen	falschspielen	beim Pokern falschspielen
O	fertig bringen	zustande bringen, vollbringen	fertigbringen	das Werkstück fertigbringen
O	fertig machen	zermürben, besiegen	fertigmachen	den Gegner fertigmachen
O	flüssig machen	Werte in Geld umwandeln	flüssigmachen	Geld fürs Haus flüssigmachen
O	glatt gehen	ohne Probleme ablaufen	glattgehen	Die Reise ist glattgegangen.
O	gut tun	ein Wohlgefühl erzeugen	guttun	Das wird dir richtig guttun.
O	kalt lassen	nicht berühren	kaltlassen	Jammern wird mich kaltlassen.
O	klar machen	verdeutlichen	klarmachen	an einem Beispiel klarmachen
O	klar sehen	etwas verstehen	klarsehen	nach der Einweisung klarsehen
O	krank machen	nicht arbeiten, krankfeiern	krankmachen	am Montag krankmachen
O	krank schreiben	eine Krankheit bescheinigen	krankschreiben	für eine Woche krankschreiben
O	krumm legen (sich)	sich abmühen	krummlegen (sich)	für Luxus sich krummlegen
O	kürzer treten	sich einschränken	kürzertreten	im Beruf kürzertreten
O	lahm legen	zum Stillstand bringen	lahmlegen	den Verkehr lahmlegen
O	leicht fallen	wenig Mühe machen	leichtfallen	Die Probe wird mir leichtfallen.
O	leicht nehmen	unbekümmert hinnehmen	leichtnehmen	die Arbeiten leichtnehmen
O	leicht tun (sich)	keine Probleme haben mit etw.	leichttun (sich)	mit dieser Aufgabe leichttun
O	nahe bringen	erklären, vertraut machen	nahebringen	Zusammenhänge nahebringen
O	nahe gehen	stark berühren / treffen	nahegehen	Der Unfall ist mir nahegegangen.
O	nahe kommen (sich)	miteinander vertraut werden	nahekommen (sich)	im Urlaub sich nahekommen
O	nahe legen	empfehlen	nahelegen	jmdn. nahelegen, etwas zu tun
O	nahe liegen	sich anbieten	naheliegen	Diese Lösung hat nahegelegen.
O	offen bleiben	ungelöst bleiben	offenbleiben	Das ist noch offengeblieben.
O	offen legen	Einblick gewähren	offenlegen	seine Einkünfte offenlegen
O	richtig liegen	Recht/recht haben	richtigliegen	mit seiner Meinung richtigliegen
O	richtig stellen	korrigieren	richtigstellen	die Fehler richtigstellen
O	satt haben	nicht mehr mögen	satthaben	Nörgeleien satthaben
O	scharf machen	aufhetzen	scharfmachen	einen Hund scharfmachen
O	schief gehen	misslingen	schiefgehen	Der Plan wird schiefgehen.
O	schwarz ärgern (sich)	sich sehr ärgern	schwarzärgern (sich)	sich über Lügen schwarzärgern
O	schwarz sehen	pessimitisch sein	schwarzsehen	für seine Zukunft schwarzsehen
O	schwer fallen	Schwierigkeiten bereiten	schwerfallen	Der Abschied wird schwerfallen.
O	schwer tun (sich)	sich abmühen	schwertun (sich)	sich bei der Prüfung schwertun
O	stark machen (sich)	sich einsetzen für etw./jmdn.	starkmachen (sich)	sich für ihn starkmachen
O	wach halten/wachhalten	in Erinnerung behalten	wachhalten	den ersten Eindruck wachhalten
O	warm halten/warmhalten	für seine Gunst erhalten	warmhalten	sich einen Freund warmhalten
O	weich klopfen	zum Nachgeben bewegen	weichklopfen	für einen Plan weichklopfen
O	wichtig machen (sich)	sich hervortun	wichtigmachen (sich)	sich mit dem Rat wichtigmachen
O	wohl tun	angenehm sein	wohltun	Das wird dir wohltun.
O	zufrieden geben (sich)	sich mit etwas begnügen	zufriedengeben (sich)	sich damit zufriedengeben
O	zufrieden lassen	in Ruhe lassen	zufriedenlassen	ihn endlich zufriedenlassen

RS Name: ____________ Datum: ____________

Getrenntschreibung: Verbindungen mit einem Adjektiv oder Partizip

❶ Adjektiv/Partizip + Adjektiv - winzig klein, blendend weiß, gestrichen voll

Finde jeweils drei Beispiele und ergänze die Tabelle.

rasend scharf	riesig wenig	praktisch weiß
eisig schnell	lächerlich rot	technisch nutzbar
gestochen kalt	glühend groß	strahlend gut

❷ Verbindung von einem Einzelwort + Partizip - laut lachend, schlafen gegangen

Bei solchen Verbindungen kann das Einzelwort sein, z. B.

Eigene Beispiele:

ein Nomen: Furcht erregend, Angst gehabt ____________

ein Verb: spazieren gehend, schwimmen gelernt ____________

ein Adjektiv: leise flüsternd, schnell gelaufen ____________

ein Partizip: lachend geantwortet, getrennt geschrieben ____________

> Eine Verbindung von einem **Einzelwort** und einem **Partizip** kann wie ein **Adjektiv** gebraucht werden und als Beifügung bei einem Nomen stehen. In diesem Fall sind sowohl **Getrennt- wie auch Zusammenschreibung** möglich.

Bilde nach dem angegebenen Muster weitere Beispiele.

Grauen	spielen	Baum	ein Grauen erregender/grauenerregender Film
allein	erleuchtet	Musiker	
hell	stehen	Film	
Gitarre	erregen	Zimmer	

● Entscheide dich im Zweifelsfall bei diesen Verbindungen für die Zusammenschreibung.

spazieren	begabt	Opa	
hoch	geblieben	Kind	
falsch	gehen	Jacke	
laufen	geschrieben	Schüler	
hängen	lernen	Wörter	

❸ Adjektiv (gesteigert/erweitert) + Adjektiv/Partizip - schneller gelaufen, sehr laut lachend

> Ist der erste Teil einer solchen Verbindung **gesteigert** oder **erweitert**, wird **getrennt geschrieben**.

Beispiele: früher gekommen, am frühesten gekommen, sehr früh gekommen, zu früh gekommen, schneller fahrend, zu schnell fahrend, recht schnell fahrend, ganz schnell fahrend

länger geblieben, ____________

leichter verdaulich, ____________

RS	Name:	Datum:

Getrenntschreibung: Verbindungen mit einem Adjektiv oder Partizip

❶ Adjektiv/Partizip + Adjektiv - winzig klein, blendend weiß, gestrichen voll

Finde jeweils drei Beispiele und ergänze die Tabelle.

rasend scharf eisig schnell gestochen kalt	riesig wenig lächerlich rot glühend groß	praktisch weiß technisch nutzbar strahlend gut
laut lachend	**riesig groß**	**praktisch nutzbar**
rasend schnell	**lächerlich wenig**	**strahlend weiß**
gestochen scharf	**glühend rot**	**technisch gut**

❷ Verbindung von einem Einzelwort + Partizip - laut lachend, schlafen gegangen

Bei solchen Verbindungen kann das Einzelwort sein, z. B.

	Eigene Beispiele:
ein Nomen: Furcht erregend, Angst gehabt	**Musik hörend, Feuer gefangen**
ein Verb: spazieren gehend, schwimmen gelernt	**fallen lassend, liegen geblieben**
ein Adjektiv: leise flüsternd, schnell gelaufen	**laut rufend, kritisch gelesen**
ein Partizip: lachend geantwortet, getrennt geschrieben	**schwitzend arbeitend, gefangen genommen**

Eine Verbindung von einem **Einzelwort** und einem **Partizip** kann wie ein **Adjektiv** gebraucht werden und als Beifügung bei einem Nomen stehen. In diesem Fall sind sowohl **Getrennt- wie auch Zusammenschreibung** möglich.

Bilde nach dem angegebenen Muster weitere Beispiele.

Grauen	spielen	Baum	ein Grauen erregender/grauenerregender Film
allein	erleuchtet	Musiker	**ein allein stehender/alleinstehender Baum**
hell	stehen	Film	**das hell erleuchtete/hellerleuchtete Zimmer**
Gitarre	erregen	Zimmer	**der Gitarre spielende/gitarrespielende Musiker**

● Entscheide dich im Zweifelsfall bei diesen Verbindungen für die Zusammenschreibung.

spazieren	begabt	Opa	**der spazierengehende Opa**
hoch	geblieben	Kind	**der hochbegabte Schüler**
falsch	gehen	Jacke	**die falschgeschriebenen Wörter**
laufen	geschrieben	Schüler	**das laufenlernende Kind**
hängen	lernen	Wörter	**die hängengebliebene Jacke**

❸ Adjektiv (gesteigert/erweitert) + Adjektiv/Partizip - schneller gelaufen, sehr laut lachend

Ist der erste Teil einer solchen Verbindung **gesteigert** oder **erweitert**, wird **getrennt geschrieben**.

Beispiele: früher gekommen, am frühesten gekommen, sehr früh gekommen, zu früh gekommen, schneller fahrend, zu schnell fahrend, recht schnell fahrend, ganz schnell fahrend

länger geblieben, **sehr lange geblieben, zu lange geblieben, ganz lange geblieben**

leichter verdaulich, **sehr leicht verdaulich, ganz leicht verdaulich**

RS	Name: ______________________	Datum: ______________

Getrenntschreibung

Verbindungen mit „so“, „wie“, „zu“ und „gar“

wie viel
wie viele

so viel
so viele

zu viel
zu viele

gar nicht(s)
gar kein

Schreibe solche Verbindungen auf, die du gut verwenden kannst.

so
wie
zu
gar

viel(e)
oft
lange
wenig
sehr
nicht(s)
weit
kein

so	wie	zu	gar

Kannst du richtig einsetzen?

__________ Geld hast du schon gespart? Was, schon __________. __________ Leute waren heute im Stadion? Ich war __________ in Gedanken versunken, dass ich dich __________ bemerkt habe. Er hat sich __________ bemüht und deshalb hat er auch __________ erreicht.

Kannst du diesem Witz eine Pointe geben und entsprechend einsetzen?

Lehrer in der Rechenstunde: „Stellt euch einen Wolkenkratzer in New York vor. Er hat 30 Stockwerke. Genau ___ ________ Stufen sind es von Stockwerk zu Stockwerk. ___ ________ Stufen muss man also bis ganz nach oben hinaufsteigen?“ „___ ________, Herr Lehrer!“

Auch mehrteilige Verbindungen mit Wörtern, die am Wortende den Wortbaustein **„so“** oder **„zu“** haben, werden **getrennt geschrieben**.

Finde mit den Wörtern oben weitere Verbindungen und trage sie in die Tabelle ein.

allzu schwer		ebenso schön		genauso alt	
allzu viel(e)					

aber:

Die Konjunktionen (Bindewörter) **sobald**, **sodass**, **sofern**, **solange**, **sooft**, **soviel** und **soweit** werden immer **zusammengeschrieben**.

Setze jeweils eine passende Konjunktion ein.

__________ ich weiß, kam er bereits gestern. Ich rufe dich sofort an, __________ ich den Termin weiß. __________ mir bekannt ist, hat er sich leicht verletzt. Ich erkläre dir das ganz ausführlich, __________ du genau Bescheid weißt. __________ ich mich an den Witz erinnere, muss ich lachen.

Feste Verbindungen von Präposition, Nomen und Verb - in Kauf nehmen, zu Ende gehen

Finde weitere Beispiele:

zu Hilfe eilen, ______________________________

in Gang setzen, ______________________________

zur Seite stehen, ______________________________

RS Name: ____________________ Datum: ____________________

Getrenntschreibung

Verbindungen mit „so", „wie", „zu" und „gar"

wie viel
wie viele

so viel
so viele

zu viel
zu viele

gar nicht(s)
gar kein

Schreibe solche Verbindungen auf, die du gut verwenden kannst.

so
wie
zu
gar

viel(e)
oft
lange
wenig
sehr
nicht(s)
weit
kein

so	wie	zu	gar
so viel(e)	**wie viel(e)**	**zu viel(e)**	**gar nicht(s)**
so oft	**wie oft**	**zu oft**	**gar kein**
so lang(e)	**wie lang(e)**	**zu lang(e)**	**gar oft**
so sehr	**wie sehr**	**zu sehr**	**gar sehr**
so weit	**wie weit**	**zu weit**	**gar wenig**
so wenig	**wie wenig**	**zu wenig**	

Kannst du richtig einsetzen?

Wie viel Geld hast du schon gespart? Was, schon **so viel**. **Wie viele** Leute waren heute im Stadion? Ich war **so sehr** in Gedanken versunken, dass ich dich **gar nicht** bemerkt habe. Er hat sich **zu wenig** bemüht und deshalb hat er auch **gar nichts** erreicht.

Kannst du diesem Witz eine Pointe geben und entsprechend einsetzen?

Lehrer in der Rechenstunde: „Stellt euch einen Wolkenkratzer in New York vor. Er hat 30 Stockwerke. Genau **so viele** Stufen sind es von Stockwerk zu Stockwerk. **Wie viele** Stufen muss man also bis ganz nach oben hinaufsteigen?" „**Zu viele**, Herr Lehrer!"

Auch mehrteilige Verbindungen mit Wörtern, die am Wortende den Wortbaustein **„so"** oder **„zu"** haben, werden **getrennt geschrieben**.

Finde mit den Wörtern oben weitere Verbindungen und trage sie in die Tabelle ein.

allzu schwer		ebenso schön		genauso alt	
allzu viel(e)	**allzu wenig**	**ebenso viel(e)**	**ebenso weit**	**genauso viel(e)**	**genauso wenig**
allzu oft	**allzu sehr**	**ebenso lang(e)**	**ebenso oft**	**genauso oft**	**genauso sehr**
allzu lang(e)	**allzu weit**	**ebenso wenig**		**genauso lang(e)**	**genauso weit**

aber: Die Konjunktionen (Bindewörter) **sobald**, **sodass**, **sofern**, **solange**, **sooft**, **soviel** und **soweit** werden immer **zusammengeschrieben**.

Setze jeweils eine passende Konjunktion ein.

Soviel ich weiß, kam er bereits gestern. Ich rufe dich sofort an, **sobald** ich den Termin weiß. **Soweit** mir bekannt ist, hat er sich leicht verletzt. Ich erkläre dir das ganz ausführlich, **sodass** du genau Bescheid weißt. **Sooft** ich mich an den Witz erinnere, muss ich lachen.

Feste Verbindungen von Präposition, Nomen und Verb - in Kauf nehmen, zu Ende gehen

Finde weitere Beispiele:

zu Hilfe eilen, **zu Fuß gehen, zu Schaden kommen, zu Dank verpflichtet sein, zu Ende bringen**

in Gang setzen, **in Gang kommen, in Betracht kommen, in Einklang bringen**

zur Seite stehen, **zur Seite gehen, zur Ansicht gelangen, zur Einsicht kommen**

RS	Name: ______________________	Datum: ______________	

Zusammen- oder Getrenntschreibung

„mal“ als Wortbaustein / „Mal“ als Nomen - einmal, das eine Mal

Bei „Mal“ als Nomen verwendet, wird das Adverb zu einer Wortgruppe erweitert.
Beispiel:
erstmals = Adverb in verkürzter Form
zum ersten Mal = erweiterte Wortgruppe mit „zum“ als Signalwort, das „Mal“ zum Nomen macht

Trage in die Tabelle jeweils die Schreibweise ein, die noch fehlt.

zweimal	______	______	manches Mal
______	das dritte Mal	letztmals	______
diesmal	______	______	mehrere Male
ein andermal	______	vielmals	______

Welche Adverbien mit „mal“ oder Wortgruppen mit „Mal“ von oben kannst du einsetzen?
Das sage ich dir nur ______ und kein ______ mehr. Manchmal habe ich das Gefühl, dass du mich schon ______ belogen hast. Das ist mir nur ______ passiert. Ich bitte dich ______ um Entschuldigung. Nur noch heute wird ______ dieser Film gespielt.

Auch die folgenden Adverbien werden getrennt geschrieben, wenn sie zu einer Wortgruppe mit einem Nomen erweitert werden. Trage in die Tabelle noch die Schreibweise ein, die fehlt.

Zusammenschreibung Adverb ohne Erweiterung	Getrenntschreibung Erweiterte Wortgruppe	Zusammenschreibung Adverb ohne Erweiterung	Getrenntschreibung Erweiterte Wortgruppe
jederzeit	zu jeder Zeit	irgendetwas	irgend so etwas
	im anderen Fall	keinesfalls	
stromaufwärts		zurzeit	
gleichermaßen			in dummer Weise
	im schlimmsten Fall	stromabwärts	
	auf keinem Weg		irgend so einer
freundlicherweise		notfalls	

Zusammen- und Getrenntschreibung möglich - auf Grund, aufgrund

Füge jeweils noch die fehlende Schreibweise hinzu.

Grund: ______	auf Grund	Mut: ______	zu Mute sein
zugrunde gehen	______	Nutzen: zunutze machen	______
Frage: infrage stellen	______	Rat: ______	zu Rate ziehen
Gunst: zugunsten	______	Seite: aufseiten	______
______	zu Ungunsten	______	von/zu Seiten
Haus: ______	nach Haus(e)	Stand: außerstande sein	______
zuhause	______	______	in Stand setzen
Hilfe: mithilfe	______	Stelle: ______	an Stelle
Last: ______	zu Lasten	Tag: ______	zu Tage fördern
Leid: zuleide tun	______	Weg: zuwege bringen	______

RS	Name:	Datum:

Zusammen- oder Getrenntschreibung

„mal“ als Wortbaustein / „Mal“ als Nomen - einmal, das eine Mal

Bei „Mal“ als Nomen verwendet, wird das Adverb zu einer Wortgruppe erweitert.
Beispiel:
erstmals = Adverb in verkürzter Form
zum ersten Mal = erweiterte Wortgruppe mit „zum“ als Signalwort, das „Mal“ zum Nomen macht

Trage in die Tabelle jeweils die Schreibweise ein, die noch fehlt.

zweimal	**das zweite Mal**	**manchmal**	manches Mal
dreimal	das dritte Mal	letztmals	**zum letzten Mal**
diesmal	**dieses Mal**	**mehrmals**	mehrere Male
ein andermal	**ein anderes Mal**	vielmals	**viele Male**

Welche Adverbien mit „mal“ oder Wortgruppen mit „Mal“ von oben kannst du einsetzen?
Das sage ich dir nur **einmal** und kein **zweites Mal** mehr. Manchmal habe ich das Gefühl, dass du mich schon **mehrere Male/mehrmals** belogen hast. Das ist mir nur **dieses Mal/diesmal** passiert. Ich bitte dich **vielmals** um Entschuldigung. Nur noch heute wird **zum letzten Mal / letztmals** dieser Film gespielt.

Auch die folgenden Adverbien werden getrennt geschrieben, wenn sie zu einer Wortgruppe mit einem Nomen erweitert werden. Trage in die Tabelle noch die Schreibweise ein, die fehlt.

Zusammenschreibung Adverb ohne Erweiterung	Getrenntschreibung Erweiterte Wortgruppe	Zusammenschreibung Adverb ohne Erweiterung	Getrenntschreibung Erweiterte Wortgruppe
jederzeit	zu jeder Zeit	irgendetwas	irgend so etwas
ander(e)nfalls	im anderen Fall	keinesfalls	**in keinem Fall**
stromaufwärts	**den Strom aufwärts**	zurzeit	**zu der Zeit**
gleichermaßen	**in gleichem Maße**	**dummerweise**	in dummer Weise
schlimmstenfalls	im schlimmsten Fall	stromabwärts	**den Strom abwärts**
keineswegs	auf keinem Weg	**irgendeiner**	irgend so einer
freundlicherweise	**in freundlicher Weise**	notfalls	**im Notfall**

Zusammen- und Getrenntschreibung möglich - auf Grund, aufgrund

Füge jeweils noch die fehlende Schreibweise hinzu.

Grund:	**aufgrund**	auf Grund	Mut: **zumute sein**	zu Mute sein
	zugrunde gehen	**zu Grunde gehen**	Nutzen: zunutze machen	**zu Nutze machen**
Frage:	infrage stellen	**in Frage stellen**	Rat: **zurate ziehen**	zu Rate ziehen
Gunst:	zugunsten	**zu Gunsten**	Seite: aufseiten	**auf Seiten**
	zuungunsten	zu Ungunsten	**vonseiten/zuseiten**	von/zu Seiten
Haus:	**nachhause**	nach Haus(e)	Stand: außerstande sein	**außer Stande sein**
	zuhause	**zu Hause**	**instand setzen**	in Stand setzen
Hilfe:	mithilfe	**mit Hilfe**	Stelle: **anstelle**	an Stelle
Last:	**zulasten**	zu Lasten	Tag: **zutage fördern**	zu Tage fördern
Leid:	zuleide tun	**zu Leide tun**	Weg: zuwege bringen	**zu Wege bringen**

RS Name: ____________________ Datum: ____________

Die 10 wichtigsten Regeln zur Zusammen- und Getrenntschreibung

Zusammenschreibung [|]

❶ Zusammengesetzte **Nomen** [|N] und **Adjektive** [|A] : Verbindungen, bei denen das **zweite Wort** ein **Nomen** oder **Adjektiv** ist, werden zusammengeschrieben, z. B. Gast**haus**, Fünf**kampf**, hitze**frei**

Eigene Beispiele: ____________________

❷ **Verben** mit einer **Präposition** oder einem **Adverb** am Wortanfang werden zusammengeschrieben.

[Pr|V] : **ab**reisen, **auf**passen, **unter**nehmen, ____________________

[Ad|V] : **fort**gehen, **zusammen**kommen, **beieinander**stehen, ____________________

❸ **Nomen-Verb-Verbindungen**, bei denen das **Nomen stark verblasst** und als solches kaum noch erkennbar ist, werden zusammengeschrieben, z. B. heimbringen, leidtun.

Eigene Beispiele: ____________________

❹ Mehrteilige Wörter, die wie ein **Nomen** gebraucht werden (nominalisierte Wörter)

- Nomen + Verb: das Autofahren, ____________
- Verb + Verb: zum Schreibenlernen, ____________
- Adjektiv + Verb: das Weitwerfen, ____________
- Verbindung mit „sein": das Dasein
- Adjektiv + Partizip: das Kleingeschriebene

❺ Wörterverbindungen, die nicht wörtlich, sondern in **übertragener** (anderer) **Bedeutung** gebraucht werden, schreibt man zusammen. Bei Verb + Verb auch [V] [V] möglich, bevorzugt wird aber [V|V].

- **Verb-Verb-Verbindungen**: sitzenbleiben (= nicht vorrücken), hängenlassen (= im Stich lassen).

Eigene Beispiele: ____________________

- **Adjektiv-Verb-Verbindungen**: gutschreiben (= anrechnen), schwerfallen (= viel Mühe haben).

Eigene Beispiele: ____________________

Getrenntschreibung [ ] [ ]

❻ Verbindungen mit **Verben** (als zweitem Bestandteil).

Solche Einzelwort-Verb-Verbindungen können sein:

- **Nomen + Verb**, [N] [V] , z. B. Auto fahren, Musik hören.

Eigene Beispiele: ____________________

- **Verb + Verb**, [V] [V] , z. B. spazieren gehen, laufen lernen.

Eigene Beispiele: ____________________

Besonderheit bei „bleiben" und „lassen" als zweitem Verb. Sie sollen (müssen aber nicht) zusammengeschrieben werden, wenn sie im übertragenen Sinn gebraucht werden. (Vgl. ❺)

- **Adjektiv + Verb**, [A] [V] , z. B. schnell laufen, richtig schreiben.

Eigene Beispiele: ____________________

Aber: Zusammenschreibung, wenn Gebrauch in übertragener Bedeutung. (Vgl. ❺)

- **Partizip I + Verb**, [P¹] [V] , z. B. lachend sagen.

Eigene Beispiele: ____________________

- **Partizip II + Verb**, [P²] [V] , z. B. getrennt schreiben.

Eigene Beispiele: ____________________

RS Name: ______________________ Datum: ______________

Die 10 wichtigsten Regeln zur Zusammen- und Getrenntschreibung

Zusammenschreibung [|]

❶ Zusammengesetzte **Nomen** [|N] und **Adjektive** [|A]: Verbindungen, bei denen das **zweite Wort** ein **Nomen** oder **Adjektiv** ist, werden zusammengeschrieben, z. B. Gast**haus**, Fünf**kampf**, hitze**frei**

Eigene Beispiele: **Haustür, Waldweg, Sommerferien, Nadelbaum, eiskalt, hellblau, dunkelrot, lauwarm, hauchdünn**

❷ **Verben** mit einer **Präposition** oder einem **Adverb** am Wortanfang werden zusammengeschrieben.

[Pr|V] : **ab**reisen, **auf**passen, **unter**nehmen, **anfassen, auskommen, einschalten, überholen**

[Ad|V]: **fort**gehen, **zusammen**kommen, **beieinander**stehen, **auseinandergehen, vorbeikommen, zurückkehren**

❸ **Nomen-Verb-Verbindungen**, bei denen das **Nomen stark verblasst** und als solches kaum noch erkennbar ist, werden zusammengeschrieben, z. B. heimbringen, leidtun.

Eigene Beispiele: **eislaufen, teilnehmen, standhalten**

❹ Mehrteilige Wörter, die wie ein **Nomen** gebraucht werden (nominalisierte Wörter)

- Nomen + Verb: das Autofahren, **beim Radiohören**
- Verb + Verb: zum Schreibenlernen, **das Sitzenbleiben**
- Adjektiv + Verb: das Weitwerfen, **das Schnelllaufen**
- Verbindung mit „sein“: das Dasein
- Adjektiv + Partizip: das Kleingeschriebene

❺ Wörterverbindungen, die nicht wörtlich, sondern in **übertragener** (anderer) **Bedeutung** gebraucht werden, schreibt man zusammen. Bei Verb + Verb auch [V] [V] möglich, bevorzugt wird aber [V|V].

- **Verb-Verb-Verbindungen**: sitzenbleiben (= nicht vorrücken), hängenlassen (= im Stich lassen).

Eigene Beispiele: **fallenlassen** (= aufgeben)**, liegenbleiben** (= nicht erledigt werden)**, sitzenlassen** (= im Stich lassen)

- **Adjektiv-Verb-Verbindungen**: gutschreiben (= anrechnen), schwerfallen (= viel Mühe haben).

Eigene Beispiele: **schiefgehen** (= nicht gelingen)**, krankmachen** (= nicht arbeiten)**, dichthalten** (= nichts verraten), **offenbleiben** (= ungeklärt sein)

Getrenntschreibung [ ] [ ]

❻ Verbindungen mit **Verben** (als zweitem Bestandteil).

Solche Einzelwort-Verb-Verbindungen können sein:

- **Nomen + Verb**, [N] [V] , z. B. Auto fahren, Musik hören.

Eigene Beispiele: **Zeitung lesen, Kuchen backen, Rad fahren**

- **Verb + Verb**, [V] [V] , z. B. spazieren gehen, laufen lernen.

Eigene Beispiele: **baden gehen, schlafen können**

Besonderheit bei „bleiben“ und „lassen“ als zweitem Verb. Sie sollen (müssen aber nicht) zusammengeschrieben werden, wenn sie im übertragenen Sinn gebraucht werden. (Vgl. ❺)

- **Adjektiv + Verb**, [A] [V] , z. B. schnell laufen, richtig schreiben.

Eigene Beispiele: **gut sehen, laut schreien**

Aber: Zusammenschreibung, wenn Gebrauch in übertragener Bedeutung. (Vgl. ❺)

- **Partizip I + Verb**, [P^1] [V] , z. B. lachend sagen.

Eigene Beispiele: **schwitzend arbeiten, stockend sagen**

- **Partizip II + Verb**, [P^2] [V] , z. B. getrennt schreiben.

Eigene Beispiele: **begeistert erzählen, versteckt halten**

RS	Name: ______	Datum: ______

Die 10 wichtigsten Regeln zur Zusammen- und Getrenntschreibung

Das Verb kann auch im **Partizip** stehen.
Solche Partizip-Verbindungen können sein:

- **Nomen + Partizip**, [N] [P], z. B. Geld sparend, Radio hörend.

Eigene Beispiele: ______

z. B. Geld gespart, Platz gefunden

Eigene Beispiele: ______

- **Verb + Partizip**, [V] [P], z. B. spazieren gehend, laufen lernend

Eigene Beispiele: ______

z. B. spazieren gegangen, hängen geblieben

Eigene Beispiele: ______

- **Adjektiv + Partizip**, [A] [P], z. B. laut lachend, richtig handelnd

Eigene Beispiele: ______

z. B. dicht bewachsen, heiß ersehnt

Eigene Beispiele: ______

Werden diese Verbindungen wie ein **Adjektiv** vor einem **Nomen** verwendet, **können** sie auch **zusammengeschrieben** werden, z. B. das Geld sparende Angebot/das geldsparende Angebot.

Eigene Beispiele: ______

! Bevorzuge im Zweifelsfall die Zusammenschreibung. Das ist meist auch richtig.

❼ Verbindungen mit **„sein“** (**„gewesen“**) werden immer **getrennt geschrieben**, z. B. da sein.

Eigene Beispiele: ______

______

❽ Verbindungen mit **Adjektiven/Partizipien** (als zweitem Bestandteil) werden **getrennt geschrieben**.

- **Adjektiv + Adjektiv**, [A] [A], z. B. winzig klein, gut verdaulich.

Eigene Beispiele: ______

______

- **Partizip + Adjektiv**, [P] [A], z. B. strahlend weiß, gestochen scharf.

Eigene Beispiele: ______

______

- **Adjektiv (gesteigert oder erweitert) + Adjektiv/Partizip**, z. B. schneller gelaufen, sehr früh gekommen.

Diese Verbindungen werden immer getrennt geschrieben.

Eigene Beispiele: ______

______

❾ Wörter mit **„so“**, **„wie“**, **„zu“**, **„gar“** und **„allzu“**, **„ebenso“**, **„genauso“** werden **getrennt geschrieben**, z. B. wie viel, so sehr, gar nicht, genauso gut, allzu oft.

Eigene Beispiele: ______

______

❿ **Adverbien** werden **getrennt geschrieben**, wenn sie zu einer **Wortgruppe mit einem Nomen erweitert** werden, z. B. einmal ⇨ das eine Mal, jederzeit ⇨ zu jeder Zeit.

Eigene Beispiele: ______

______

RS Name: ______________________ Datum: ______________________

Die 10 wichtigsten Regeln zur Zusammen- und Getrenntschreibung

Das Verb kann auch im **Partizip** stehen.
Solche Partizip-Verbindungen können sein:

• **Nomen + Partizip**, [N] [P], z. B. Geld sparend, Radio hörend.

Eigene Beispiele: **Auto fahrend, Fuß fassend**

z. B. Geld gespart, Platz gefunden

Eigene Beispiele: **Rad gefahren, Münzen gesammelt**

• **Verb + Partizip**, [V] [P], z. B. spazieren gehend, laufen lernend

Eigene Beispiele: **lesen übend, stehen lassend**

z. B. spazieren gegangen, hängen geblieben

Eigene Beispiele: **liegen gelassen, spielen gekonnt**

• **Adjektiv + Partizip**, [A] [P], z. B. laut lachend, richtig handelnd

Eigene Beispiele: **leise gehend, rot glühend**

z. B. dicht bewachsen, heiß ersehnt

Eigene Beispiele: **sauber gehalten, hell begeistert**

Werden diese Verbindungen wie ein **Adjektiv** vor einem **Nomen** verwendet, **können** sie auch **zusammengeschrieben** werden, z. B. das Geld sparende Angebot/das geldsparende Angebot.

Eigene Beispiele: **die hängen gebliebene /die hängengebliebene Jacke, das hell erleuchtete / hellerleuchtete Zimmer, der laut lachende / lautlachende Opa**

! Bevorzuge im Zweifelsfall die Zusammenschreibung. Das ist meist auch richtig.

❼ Verbindungen mit **„sein“** (**„gewesen“**) werden immer **getrennt geschrieben**, z. B. da sein.

Eigene Beispiele: **vorbei sein, vorüber sein, klasse sein, spitze gewesen**

❽ Verbindungen mit **Adjektiven/Partizipien** (als zweitem Bestandteil) werden **getrennt geschrieben**.

• **Adjektiv + Adjektiv**, [A] [A], z. B. winzig klein, gut verdaulich.

Eigene Beispiele: **praktisch nutzbar, einfach verwendbar, eisig kalt**

• **Partizip + Adjektiv**, [P] [A], z. B. strahlend weiß, gestochen scharf.

Eigene Beispiele: **rasend schnell, glühemd heiß, gestrichen voll, gähnend langweilig**

• **Adjektiv (gesteigert oder erweitert) + Adjektiv/Partizip**, z. B. schneller gelaufen, sehr früh gekommen. Diese Verbindungen werden immer getrennt geschrieben.

Eigene Beispiele: **leichter verdaulich, länger geblieben, zu schnell gegessen, sehr nett entschuldigt, besser ausgestattet, zu gut gestartet**

❾ Wörter mit **„so“**, **„wie“**, **„zu“**, **„gar“** und **„allzu“**, **„ebenso“**, **„genauso“** werden **getrennt geschrieben**, z. B. wie viel, so sehr, gar nicht, genauso gut, allzu oft.

Eigene Beispiele: **so viel, zu viel, wie lange, gar kein, allzu schwer, ebenso wenig, wie oft, allzu oft, so sehr**

❿ **Adverbien** werden **getrennt geschrieben**, wenn sie zu einer **Wortgruppe mit einem Nomen erweitert** werden, z. B. einmal ➪ das eine Mal, jederzeit ➪ zu jeder Zeit.

Eigene Beispiele: **erstmals ➪ zum ersten Mal, keineswegs ➪ auf keinem Weg, keinesfalls ➪ auf keinen Fall, letztmals ➪ zum letzten Mal**

RS Name: ____________________ Datum: ____________

Übersicht über die Zusammen- und Getrenntschreibung

Verbindungen mit Verben als zweitem Bestandteil

Zusammenschreibung [ ][V]	**Getrenntschreibung** [ ] [V]
Verbindung [N][V] wie Nomen verwendet ➪ [N|V] *das Autofahren, beim Ballspielen*	Verbindung von Nomen + Verb [N][V] *Auto fahren, Angst haben, Ball spielen*
Bei Verbindung Nomen verblasst und als solches kaum noch erkennbar, z. B *heimkehren, preisgeben, eislaufen, leidtun*	
Verbindung [V] [V] als Nomen gebraucht ➪ [V|V] *beim Spazierengehen, das Lesenlernen*	Verbindung von Verb + Verb [V] [V] *spazieren gehen, lesen lernen, laufen können*

Bei Verbindungen mit „bleiben“ oder „lassen“ als zweitem Bestandteil ist auch Zusammenschreibung möglich, wenn sie nicht wörtlich, sondern in übertragenem Sinn gebraucht wird.
sitzen bleiben / sitzenbleiben (= nicht versetzt werden), hängen lassen / hängenlassen (= im Stich lassen)
Bei „kennenlernen“ ist doppelte Schreibweise möglich: *kennenlernen / kennen lernen*

Verbindung [A] [V] als Nomen gebraucht ➪ [A|V] *das Schnellfahren, beim Kennenlernen*	Verbindung von Adjektiv + Verb [A] [V] *schnell fahren, richtig rechnen, kritisch denken*
Adjektiv-Verb-Verbindungen im übertragenen Sinn *gutschreiben (= einen Betrag anrechnen)* *freisprechen (= für nicht schuldig erklären)*	Adjektiv-Verb-Verbindungen im wörtlichen Sinn *gut schreiben (= deutlich, sauber schreiben)* *frei sprechen (= ohne Manuskript, nicht ablesend)*
[ ][ ] mit sein wie ein Nomen gebraucht ➪ [|] *das Dasein, beim Zusammensein*	Verbindungen mit sein (gewesen) *da sein, da gewesen, fort sein, fort gewesen*

Verbindungen mit Adjektiven oder Partizipien als zweitem Bestandteil

Zusammenschreibung [|A] oder [|P]	**Getrenntschreibung** [ ] [A] oder [ ] [P]
Normale zusammengesetzte Adjektive mit Grundwort und Bestimmungswort *hellblau, nasskalt, bitterböse, blitzschnell*	Verbindung mit Adjektiv (-ig, -lich, -isch) + Adjektiv *riesig groß, himmlisch schön, technisch gut* Verbindung mit Partizip + Adjektiv *kochend heiß, strahlend weiß, gestochen scharf*
Wort (stark verkürzt + betont) + Adjektiv/Partizip Wort steht für eine Wortgruppe *angsterfüllt (von/mit Angst erfüllt)* *jahrelang (mehrere Jahre lang)* *freudestrahlend (vor Freude strahlend)*	Einzelwort + Partizip [N] + [P] : *Furcht erregend, Geld gespart* [V] + [P] : *spazieren gehend, lesen gelernt* [A] + [P] : *laut lachend, schnell gelaufen* [P] + [P] : *schwitzend gearbeitet, getrennt gelebt*

Verbindungen von Einzelwort + Partizip wie ein Adjektiv verwendet
der Geld sparende/geldsparende Einkauf, die hängen gebliebene/hängengebliebene Jacke

	Wort (gesteigert oder erweitert) + Adjektiv/Partizip *früher gekommen, ganz früh gekommen*

Andere Wortverbindungen

Wörter mit „-einander“ und „irgend-“ *beieinander, hintereinander, irgendwer, irgendwo*	Wörter mit „wie“, „so“, „zu“, „gar“ *wie viel(e), so viel(e), zu viel(e), gar nichts*
Wörter ohne Erweiterung *einmal, diesmal, jederzeit, keinesfalls*	Wörter mit einem Nomen erweitert - Wortgruppe *das eine Mal, dieses Mal, zu jeder Zeit*

Verbindungen mit einfachem Adjektiv + Adjektiv/Partizip

Besonders häufig sind solche Adjektiv/Partizip-Verbindungen, bei denen der erste Bestandteil ein einfaches Adjektiv ist, z. B.

alt - neu, gut - schlecht, hoch - tief, kurz - lang, leicht - schwer, halb, wohl

Welche Verbindungen von Adjektiv + Adjektiv/Partizip sind möglich? Schreibe nach gegebenem Muster.

		zwei Schreibweisen	kleine Wortgruppe
hoch	verdaulich	hoch qualifiziert, hochqualifiziert	eine hochqualifizierte Fachkraft
schwer	qualifiziert	schwer verdaulich, schwerverdaulich	ein schwerverdauliches Essen
halb	gefasst	______________	______________
schwer	anhaltend	______________	______________
hoch	leer	______________	______________
neu	krank	______________	______________
lang	gelegen	______________	______________
kurz	eröffnet	______________	______________

Am Beispiel von „hoch“ als erstem Wortbestandteil soll aufgezeigt werden, wie hoch kompliziert/hochkompliziert manchmal die neue Rechtschreibung sein kann.
Nur eine Schreibweise möglich: hochgebildet , hochgeehrt, hochzivilisiert
Zwei Schreibweisen möglich: hochbegabt/hoch begabt, hochgeehrt/hoch geehrt, hochtechnisiert/hoch technisiert
Wie kannst du dir helfen, um diese Schwierigkeiten zu meistern?

- **Bevorzuge im Zweifelsfall die Zusammenschreibung, das ist meist auch richtig.**

Verbindungen mit einfachem Adjektiv + Adjektiv/Partizip

Besonders häufig sind solche Adjektiv/Partizip-Verbindungen, bei denen der erste Bestandteil ein einfaches Adjektiv ist, z. B.

alt - neu, gut - schlecht, hoch - tief, kurz - lang, leicht - schwer, halb, wohl

Welche Verbindungen von Adjektiv + Adjektiv/Partizip sind möglich? Schreibe nach gegebenem Muster.

		zwei Schreibweisen	kleine Wortgruppe
hoch	verdaulich	hoch qualifiziert, hochqualifiziert	eine hochqualifizierte Fachkraft
schwer	qualifiziert	schwer verdaulich, schwerverdaulich	ein schwerverdauliches Essen
halb	gefasst	**halb leer, halbleer**	**ein halbleeres Glas Wasser**
schwer	anhaltend	**schwer krank, schwerkrank**	**schwerkrank im Bett liegen**
hoch	leer	**hoch gelegen, hochgelegen**	**ein hochgelegene Hütte**
neu	krank	**neu eröffnet, neueröffnet**	**ein neueröffnetes Geschäft**
lang	gelegen	**lang anhaltend, langanhaltend**	**eine langanhaltende Dürre**
kurz	eröffnet	**kurz gefasst, kurzgefasst**	**ein kurzgefasster Text**

Am Beispiel von „hoch“ als erstem Wortbestandteil soll aufgezeigt werden, wie hoch kompliziert/hochkompliziert manchmal die neue Rechtschreibung sein kann.
Nur eine Schreibweise möglich: hochgebildet , hochgeehrt, hochzivilisiert
Zwei Schreibweisen möglich: hochbegabt/hoch begabt, hochgeehrt/hoch geehrt, hochtechnisiert/hoch technisiert
Wie kannst du dir helfen, um diese Schwierigkeiten zu meistern?

- **Bevorzuge im Zweifelsfall die Zusammenschreibung, das ist meist auch richtig.**

RS	Name: ______________________________	Datum: ____________________	

Übungen zur Zusammen- und Getrenntschreibung

Arbeite mit deiner Liste, die die zehn wichtigsten Regeln zur Zusammen- und Getrenntschreibung enthält. Setze das Zeichen „(2)“ hinter ein Wort, bei dem zwei Schreibweisen möglich sind.

① Die folgenden Sätze sind durcheinandergeraten. Kennzeichne durch die entsprechende Zahl im leeren Kreis, welche Satzteile zusammengehören.

❶ Vor einem Jahr erst haben sie sich ______________________ (kennen, lernen),
○ damit mir vom ____________ (Tasche, Geld) noch ein paar Euro ____________ (übrig, bleiben).

❷ Der ______________ (ein, zahlen) Betrag wird Ihnen ______________ (gut, schreiben),
○ dass es mir sehr ______________ (schwer, fallen) ______________ (weiter, lesen).

❸ Ich muss beim ______________ (Handy, telefonieren) etwas ____________ (kürzer, treten)
○ und jetzt sind sie schon wieder ______________________ (auseinander, gehen).

❹ In diesem Zeitungstext ist ________ (so, viel) ______________________ (schwer, verständlich),
○ wollten einige nicht mehr am ____________ (wetten, rennen) ____________ (Teil, nehmen).

❺ Nach dem ______________________ (bekannt, geben) der Bedingungen
○ und bei einem neuen ______________ (bestellen, Eingang) ____________ (an, rechnen).

② Setze jeweils die Wörter in der richtigen Schreibweise ein.

❶ Auf der ______________________ (allgemein, bildend) Schule sind ihm besonders Fremdsprachen ______________ (leicht, fallen), weil er ____________ (zwei, sprachig) ______________ (auf, wachsen, sein) und bei ihm ______________ (zu, Haus) ____________ (ebenso, viel) Italienisch wie Deutsch gesprochen wurde.

❷ Sie war eine ______________________ (allein, stehend) Mutter und ______________________ (gut, aussehend) Frau, die sich auch im Beruf mit schwierigen Problemen ______________________ (auseinander, setzen) und ihre Vorgesetzten sehr ______________________ (zufrieden, stellen) konnte.

❸ Ein ____________ (rennen, Fahrer) muss mehr können als ____________ (Auto, fahren) und keine ______________ (Angst haben). Er muss ______________ (technisch, gut) ______________ (drauf, sein), ____________ (Blitz, schnell) ______________ (reagieren, können) und die Kontrollen, die ______________ (laufend, statt, finden) müssen, sehr ______________ (genau, nehmen).

Welche Wort-Wort-Verbindungen, die du oben eingetragen hast, passen jeweils zu den einzelnen Regeln? Schreibe jeweils die Grundform hinter die entsprechende Regel.

- [Ad][V]: ____
- [↑][ ] - Verbindungen als Nomen gebraucht: ______________________________
- Verbindungen mit übertragener Bedeutung: ______________________________
____
- [ ][V] - Verbindungen mit einem Verb: ______________________________
____
- [ ][sein] - Verbindungen mit sein: ______________________________
- [ ][A]/[ ][P] - Verbindungen mit Adjektiv/Partizip: ______________________________
____
- Verbindungen mit so, wie, zu ...: ______________________________

RS Name: ______________________ Datum: ______________________

Übungen zur Zusammen- und Getrenntschreibung

Arbeite mit deiner Liste, die die zehn wichtigsten Regeln zur Zusammen- und Getrenntschreibung enthält. Setze das Zeichen „(2)" hinter ein Wort, bei dem zwei Schreibweisen möglich sind.

① Die folgenden Sätze sind durcheinandergeraten. Kennzeichne durch die entsprechende Zahl im leeren Kreis, welche Satzteile zusammengehören.

❶ Vor einem Jahr erst haben sie sich **kennen gelernt (2)** (kennen, lernen),
❸ damit mir vom **Taschengeld** (Tasche, Geld) noch ein paar Euro **übrig bleiben** (übrig, bleiben).
❷ Der **eingezahlte** (ein, zahlen) Betrag wird Ihnen **gutgeschrieben** (gut, schreiben),
❹ dass es mir sehr **schwerfällt** (schwer, fallen) **weiterzulesen** (weiter, lesen).
❸ Ich muss beim **Handytelefonieren** (Handy, telefonieren) etwas **kürzertreten** (kürzer, treten)
❶ und jetzt sind sie schon wieder **auseinandergegangen** (auseinander, gehen).
❹ In diesem Zeitungstext ist **so viel** (so, viel) **schwer verständlich** (schwer, verständlich),
❺ wollten einige nicht mehr am **Wettrennen** (wetten, rennen) **teilnehmen** (Teil, nehmen).
❺ Nach dem **Bekanntgeben** (bekannt, geben) der Bedingungen
❷ und bei einem neuen **Bestelleingang** (bestellen, Eingang) **angerechnet** (an, rechnen).

② Setze jeweils die Wörter in der richtigen Schreibweise ein.

❶ Auf der **allgemeinbildenden (2)** (allgemein, bildend) Schule sind ihm besonders Fremdsprachen **leichtgefallen** (leicht, fallen), weil er **zweisprachig** (zwei, sprachig) **aufgewachsen ist** (auf, wachsen, sein) und bei ihm **zuhause (2)** (zu, Haus) **ebenso viel** (ebenso, viel) Italienisch wie Deutsch gesprochen wurde.

❷ Sie war eine **alleinstehende** (allein, stehend) Mutter und **gut aussehende (2)** (gut, aussehend) Frau, die sich auch im Beruf mit schwierigen Problemen **auseinandersetzen** (auseinander, setzen) und ihre Vorgesetzten sehr **zufrieden stellen** (zufrieden, stellen) konnte.

❸ Ein **Rennfahrer** (rennen, Fahrer) muss mehr können als **Auto fahren** (Auto, fahren) und keine **Angst haben** (Angst, haben). Er muss **technisch gut** (technisch, gut) **drauf sein** (drauf, sein), **blitzschnell** (Blitz, schnell) **reagieren können** (reagieren, können) und die Kontrollen, die **laufend stattfinden** (laufend, statt, finden) müssen, sehr **genau nehmen** (genau, nehmen).

Welche Wort-Wort-Verbindungen, die du oben eingetragen hast, passen jeweils zu den einzelnen Regeln? Schreibe jeweils die Grundform hinter die entsprechende Regel.

- [Ad][V]: **weiterlesen, auseinandergehen, auseinandersetzen**
- [↑][ ] - Verbindungen als Nomen gebraucht: **beim Handytelefonieren, dem Bekanntgeben**
- Verbindungen mit übertragener Bedeutung: **gutschreiben, schwerfallen, kürzertreten, leichtfallen, alleinstehend**
- [ ][V] - Verbindungen mit einem Verb: **kennen lernen (2), übrig bleiben, zufrieden stellen, Auto fahren, Angst haben, reagieren können, laufend stattfinden, genau nehmen**
- [ ][sein] - Verbindungen mit sein: **drauf sein, aufgewachsen sein**
- [ ][A]/[ ][P] - Verbindungen mit Adjektiv/Partizip: **schwer verständlich, allgemeinbildende (2) Schule, gutaussehende (2) Frau, technisch gut**
- Verbindungen mit so, wie, zu ...: **so viel, ebenso viel**

RS	Name: ______________________	Datum: ______________	

Kann man selbständiges Handeln lernen?

Ein für die Aus- und Weiterbildung Verantwortlicher eines großen Unternehmens bejaht diese Frage eindeutig klar. Allerdings muss den Jugendlichen dazu auch Gelegenheit geboten werden. Wenn in der Ausbildung alles nur genau angewiesen wird, gewöhnt man sich eben frühzeitig daran ohne jede Eigeninitiative zu arbeiten. Schwimmen lernt man im Wasser, selbständiges Handeln, indem man so viele Aufgaben wie möglich aus eigenem Antrieb anpackt und selbst gestaltet.
Doch neben gut fundierten Fachkenntnissen ist noch Weiteres erforderlich, zum Beispiel Verantwortung zu übernehmen, sich auf neue Situationen schnell einstellen zu können und im Team mit anderen kooperativ zusammenzuarbeiten. Probleme zu erkennen und zu lösen sowie zielgerichtetes Aktivsein gehören ebenfalls dazu. Viele Schülerinnen und Schüler haben den Erwerb dieser Schlüsselqualifikationen während ihrer Schulzeit bereits überzeugend bewiesen, indem sie in größer angelegten Projekten Themen bearbeitet, eine Klassenfahrt genau geplant oder ein Basketballturnier für die Jüngeren organisiert haben.
Um derart wichtige, auch Beruf betreffende Fähigkeiten lernen zu können, müssen diese in der Schule verstärkt eingeübt und in der Ausbildung weiter vertieft werden. Schulen und Betriebe müssen diesen Weg erfolgreich beschreiten. (179 Wörter)

Zusammen- und Getrenntschreibung

[ ][N] : ______________________________

____

[ ][ ][ ] : ______________________________

[ ][A] : ______________________________

[Ad][V] : ______________________________

Bei welcher Verbindung ist das Nomen verkürzt und ersetzt eine Wortgruppe?

____

[N] [V] : ______________________________

____

[V] [V] : ______________________________

[A] [V] : ______________________________

[A] [A] : ______________________________

[ ] [P] : ______________________________

____

____

____

Andere Wörter: ______________________________

Groß- und Kleinschreibung

[V]↗[N] : ______________________________

[A]↗[N] : ______________________________

RS	Name: ______________________	Datum: ______________	

Kann man selbständiges Handeln lernen?

Ein für die Aus- und Weiterbildung Verantwortlicher eines großen Unternehmens bejaht diese Frage eindeutig klar. Allerdings muss den Jugendlichen dazu auch Gelegenheit geboten werden. Wenn in der Ausbildung alles nur genau angewiesen wird, gewöhnt man sich eben frühzeitig daran ohne jede Eigeninitiative zu arbeiten. Schwimmen lernt man im Wasser, selbständiges Handeln, indem man so viele Aufgaben wie möglich aus eigenem Antrieb anpackt und selbst gestaltet.
Doch neben gut fundierten Fachkenntnissen ist noch Weiteres erforderlich, zum Beispiel Verantwortung zu übernehmen, sich auf neue Situationen schnell einstellen zu können und im Team mit anderen kooperativ zusammenzuarbeiten. Probleme zu erkennen und zu lösen sowie zielgerichtetes Aktivsein gehören ebenfalls dazu. Viele Schülerinnen und Schüler haben den Erwerb dieser Schlüsselqualifikationen während ihrer Schulzeit bereits überzeugend bewiesen, indem sie in größer angelegten Projekten Themen bearbeitet, eine Klassenfahrt genau geplant oder ein Basketballturnier für die Jüngeren organisiert haben.
Um derart wichtige, auch Beruf betreffende Fähigkeiten lernen zu können, müssen diese in der Schule verstärkt eingeübt und in der Ausbildung weiter vertieft werden. Schulen und Betriebe müssen diesen Weg erfolgreich beschreiten. (179 Wörter)

Zusammen- und Getrenntschreibung

[ ][N] : **Eigeninitiative, Fachkenntnisse, Schlüsselqualifikationen, Klassenfahrt**

[ ][ ][ ] : **Basketballturnier**

[ ][A] : **frühzeitig**

[Ad][V] : **zusammenarbeiten, dazugehören**

Bei welcher Verbindung ist das Nomen verkürzt und ersetzt eine Wortgruppe?

zielgerichtet (auf ein Ziel gerichtet)

[N] [V] : **Aufgaben anpacken, Verantwortung übernehmen, Themen bearbeiten, Turnier organisieren**

[V] [V] : **lernen können, einstellen können**

[A] [V] : **schnell einstellen, kooperativ zusammenarbeiten, erfolgreich beschreiten**

[A] [A] : **eindeutig klar**

[ ] [P] : **Gelegenheit geboten, genau angewiesen, gut fundiert, überzeugend bewiesen, Themen bearbeitet, größer angelegt, genau geplant, Beruf betreffende / berufbetreffende Fähigkeiten, verstärkt eingeübt, weiter vertieft**

Andere Wörter: **so viele**

Groß- und Kleinschreibung

[V] ↗ [N] : **(das) Schwimmen, selbständiges Handeln**

[A] ↗ [N] : **ein Verantwortlicher, den Jugendlichen, Weiteres (das Weitere)**

RS	Name: ______________________	Datum: ______________	

Test zur Zusammen- und Getrenntschreibung

Richtig - falsch? Kreuze an, was richtig ist. Einmal ist beides richtig!

O Das Wort „kennenlernen" kann man getrennt schreiben und zusammenschreiben.
O Das Wort „kennenlernen" kann man getrenntschreiben und zusammenschreiben.

O Ich werde solange keine Ruhe geben, bis ich dahinter gekommen bin.
O Ich werde so lange keine Ruhe geben, bis ich dahintergekommen bin.

O Musst du jetzt schon nach Hause, oder kannst du erst ein bisschen später heimgehen?
O Musst du jetzt schon nachhause, oder kannst du erst ein bißchen später Heim gehen?

O Sie sind auseinander gegangen und werden ein paar Monate getrennt bleiben.
O Sie sind auseinandergegangen und werden ein paar Monate getrennt bleiben.

O Auch hochberühmte Persönlichkeiten sind in der Schule schon einmal sitzengeblieben.
O Auch hoch berühmte Persönlichkeiten sind in der Schule schon einmal sitzen geblieben.

Wie viele zusammengesetzte und getrennte Verben findest du? Ordne sie jeweils ein.

		Verb Verb	Präposition + Verb	Adverb + Verb
hängen	unter	______	______	______
liegen	durch	______	______	______
lassen	dahinter	______	______	______
bleiben	daheim	______	______	______
		______	______	______

Nur ein Satz ist richtig. Welcher?
O Ihr zwei könnt nicht nebeneinander sitzenbleiben, ich werde euch auseinandersetzen.
O Ihr Zwei könnt nicht nebeneinander sitzenbleiben, ich werde euch auseinander setzen.
O Ihr Zwei könnt nicht nebeneinander sitzen bleiben, ich werde euch auseinandersetzen.

O Wielange seid ihr heute Vormittag Rad gefahren?
O Wie lange seid ihr heute vormittag radgefahren?
O Wie lange seid ihr heute Vormittag Rad gefahren?

O Schnell bremsend hat der Autofahrer die Straßenüberquerende Katze nicht totgefahren.
O Schnell bremsend hat der Autofahrer die straßenüberquerende Katze nicht totgefahren.
O Schnell bremsend hat der Autofahrer die Straßen überquerende Katze nicht todgefahren.

O Wir werden am Sonntagnachmittag an dem nahegelegenen See spazieren gehen.
O Wir werden am Sonntagnachmittag an dem nahegelegenen See spazierengehen.
O Wir werden am Sonntag Nachmittag an dem nahegelegenen See spazieren gehen.

O Bei dieser riesiggroßen Hitze gibt es hier erfreulicherweise auch erfrischend kühle Getränke.
O Bei dieser riesig großen Hitze gibt es hier erfreulicherweise auch erfrischend kühle Getränke.
O Bei dieser riesig großen Hitze gibt es hier erfreulicher Weise auch erfrischend kühle Getränke.

O Es wird dir noch Leid tun, dass du das Briefmarkensammeln fallen gelassen hast.
O Es wird dir noch leid tun, dass du das Briefmarken sammeln fallen gelassen hast.
O Es wird dir noch leidtun, dass du das Briefmarkensammeln fallengelassen hast.

Suche in dem linken Kästchen die Verbindungen von Adjektiv + Verb, die wegen ihrer Bedeutung in übertragenem Sinn zusammengeschrieben werden müssen. Im Kästchen rechts steht diese Bedeutung. Schreibe beides zwischen die Kästchen.

Adjektiv	Verb			neue Bedeutung
kalt - warm	gehen	______	______	ungelöst sein
leicht - schwer	lassen	______	______	klappen
glatt - rau	stellen	______	______	ausschalten
offen - geschlossen	fallen	______	______	Mühe machen
schief - gerade	kommen	______	______	misslingen
		______	______	keine Mühe machen

RS	Name: ____________________	Datum: ____________

Test zur Zusammen- und Getrenntschreibung

Richtig - falsch? Kreuze an, was richtig ist. Einmal ist beides richtig!

⊗ Das Wort „kennenlernen“ kann man getrennt schreiben und zusammenschreiben.
O Das Wort „kennenlernen“ kann man getrenntschreiben und zusammenschreiben.

O Ich werde solange keine Ruhe geben, bis ich dahinter gekommen bin.
⊗ Ich werde so lange keine Ruhe geben, bis ich dahintergekommen bin.

⊗ Musst du jetzt schon nach Hause, oder kannst du erst ein bisschen später heimgehen?
O Musst du jetzt schon nachhause, oder kannst du erst ein bißchen später Heim gehen?

O Sie sind auseinander gegangen und werden ein paar Monate getrennt bleiben.
⊗ Sie sind auseinandergegangen und werden ein paar Monate getrennt bleiben.

⊗ Auch hochberühmte Persönlichkeiten sind in der Schule schon einmal sitzengeblieben.
⊗ Auch hoch berühmte Persönlichkeiten sind in der Schule schon einmal sitzen geblieben.

Wie viele zusammengesetzte und getrennte Verben findest du? Ordne sie jeweils ein.

		Verb Verb	Präposition + Verb	Adverb + Verb
hängen	unter	**hängen lassen**	**unterliegen**	**dahinterliegen**
liegen	durch	**liegen lassen**	**unterbleiben**	**dahinterhängen**
lassen	dahinter	**bleiben lassen**	**unterlassen**	**dahinterbleiben**
bleiben	daheim	**hängen bleiben**	**durchlassen**	**daheimbleiben**
		liegen bleiben	**durchhängen**	**daheimlassen**

Nur ein Satz ist richtig. Welcher?
O Ihr zwei könnt nicht nebeneinander sitzenbleiben, ich werde euch auseinandersetzen.
O Ihr Zwei könnt nicht nebeneinander sitzenbleiben, ich werde euch auseinander setzen.
⊗ Ihr Zwei könnt nicht nebeneinander sitzen bleiben, ich werde euch auseinandersetzen.

O Wielange seid ihr heute Vormittag Rad gefahren?
O Wie lange seid ihr heute vormittag radgefahren?
⊗ Wie lange seid ihr heute Vormittag Rad gefahren?

O Schnell bremsend hat der Autofahrer die Straßenüberquerende Katze nicht totgefahren.
⊗ Schnell bremsend hat der Autofahrer die straßenüberquerende Katze nicht totgefahren.
O Schnell bremsend hat der Autofahrer die Straßen überquerende Katze nicht todgefahren.

⊗ Wir werden am Sonntagnachmittag an dem nahegelegenen See spazieren gehen.
O Wir werden am Sonntagnachmittag an dem nahegelegenen See spazierengehen.
O Wir werden am Sonntag Nachmittag an dem nahegelegenen See spazieren gehen.

O Bei dieser riesiggroßen Hitze gibt es hier erfreulicherweise auch erfrischend kühle Getränke.
⊗ Bei dieser riesig großen Hitze gibt es hier erfreulicherweise auch erfrischend kühle Getränke.
O Bei dieser riesig großen Hitze gibt es hier erfreulicher Weise auch erfrischend kühle Getränke.

O Es wird dir noch Leid tun, dass du das Briefmarkensammeln fallen gelassen hast.
O Es wird dir noch leid tun, dass du das Briefmarken sammeln fallen gelassen hast.
⊗ Es wird dir noch leidtun, dass du das Briefmarkensammeln fallengelassen hast.

Suche in dem linken Kästchen die Verbindungen von Adjektiv + Verb, die wegen ihrer Bedeutung in übertragenem Sinn zusammengeschrieben werden müssen. Im Kästchen rechts steht diese Bedeutung. Schreibe beides zwischen die Kästchen.

Adjektiv	Verb			neue Bedeutung
kalt - warm	gehen	**kaltstellen**	**ausschalten**	ungelöst sein
leicht - schwer	lassen	**leichtfallen**	**keine Mühe machen**	klappen
glatt - rau	stellen	**schwerfallen**	**Mühe machen**	ausschalten
offen - geschlossen	fallen	**glattgehen**	**klappen**	Mühe machen
schief - gerade	kommen	**offenlassen**	**ungelöst sein**	misslingen
		schiefgehen	**misslingen**	keine Mühe machen

RS Name: ______________________ Datum: ______________

Wörtertrennung/Silbentrennung am Zeilenende

❶ Trennung nach Sprechsilben

Sprich die folgenden Wörter langsam und deutlich und zeichne die Silbenbögen. Trage dann die einzelnen Silben in die entsprechenden Baukästen ein.

biegen, bohren, Erlebnis
Gemeinde, eingießen, Hunger, Heizung,
empfinden, Fernseher, Paket, ärmsten
küssen, Löffel, Fenster, Spitze

zweisilbig

dreisilbig

> Eine Worttrennung erfolgt nach **Sprechsilben**. Dabei kommt immer nur **ein Mitlaut** zur nächsten Silbe bzw. auf die neue Zeile. Bei mehreren Konsonanten kommt nur der letzte auf die neue Zeile.

Was fällt dir bei den folgenden Wörtern bei einer Trennung auf?

schauen - feiern - Spion - Folien - Ruine - freuen - Museum - Familien - Bauer - säen

Es gibt Wörter, die an der Trennstelle __________ Mitlaut haben. Trenne die Wörter von oben:

____

____

❷ Trennung bei ck, ch und sch

Kannst du so gut auf- und abwärts schieben, dass Wörter entstehen? Wie viele Wörter findest du? Schreibe sie auf und trenne sie dann!

Du drü rie su Ta tro wa	ck ch sch	e en

Dusche — Du-sche
ducken — du-cken

________________ ________________

________________ ________________

________________ ________________

________________ ________________

> **ck**, **ch** und **sch** gelten als **ein** Mitlaut und werden deshalb nicht getrennt. Dazu gehören auch die selteneren Mitlaute **ph**, **qu**, **th**.

❸ Trennung bei einzelnen Vokalen

> **Einzelne Vokale** am Wortanfang oder Wortende werden **nicht** abgetrennt.

Arbeit - Abend - offen - Ofen
Ecke - Ufer - übrig - Übel

Welche Wörter aus dem Kästchen kannst du nicht trennen?

____

Trenne die folgenden Wörter:

- Radio ____________
- Alarmsignal ____________
- Familie ____________
- Abendrot ____________
- Ofenecke ____________
- Eselei ____________

❹ Arbeite mit deiner Wörterliste und finde jeweils noch zwei bis drei Beispiele.

Trennung nach **Sprechsilben**				
ohne Mitaute	1 Mitlaut	2 Mitlaute	3 Mitlaute	Trennung bei ck, ch und sch
Ei - er	ba - den	war - ten	imp - fen	ba - cken, Wo - che, Ta - sche

> **Und wer nicht ganz sicher trennen kann, fängt gleich eine neue Zeile an.**

RS Name: ________________ Datum: ________________

Wörtertrennung/Silbentrennung am Zeilenende

❶ Trennung nach Sprechsilben

Sprich die folgenden Wörter langsam und deutlich und zeichne die Silbenbögen. Trage dann die einzelnen Silben in die entsprechenden Baukästen ein.

biegen, bohren, Erlebnis
Gemeinde, eingießen, Hunger, Heizung,
empfinden, Fernseher, Paket, ärmsten
küssen, Löffel, Fenster, Spitze

zweisilbig

bie	**gen**		**Löf**	**fel**	
boh	**ren**		**Fens**	**ter**	
Hun	**ger**		**Spit**	**ze**	
Hei	**zung**		**Pa**	**ket**	
küs	**sen**		**ärms**	**ten**	

dreisilbig

Er	**leb**	**nis**
Ge	**mein**	**de**
ein	**gie**	**ßen**
emp	**fin**	**den**
Fern	**se**	**her**

Eine Worttrennung erfolgt nach **Sprechsilben**. Dabei kommt immer nur **ein Mitlaut** zur nächsten Silbe bzw. auf die neue Zeile. Bei mehreren Konsonanten kommt nur der letzte auf die neue Zeile.

Was fällt dir bei den folgenden Wörtern bei einer Trennung auf?

schauen - feiern - Spion - Folien - Ruine - freuen - Museum - Familien - Bauer - säen

Es gibt Wörter, die an der Trennstelle **keinen** Mitlaut haben. Trenne die Wörter von oben:
schau - en, fei - ern, Spi - on, Fo - li - en, Ru - i - ne, freu - en, Mu - se - um, Fa - mi - li - en, Bau - er, sä - en,

❷ Trennung bei ck, ch und sch

Kannst du so gut auf- und abwärts schieben, dass Wörter entstehen? Wie viele Wörter findest du? Schreibe sie auf und trenne sie dann!

Du drü rie su Ta tro wa	**ck** **ch** **sch**	e en

Dusche	Du-sche	**suchen**	**su - chen**
ducken	du-cken	**riechen**	**rie - chen**
waschen	**wa - schen**	**Tasche**	**Ta - sche**
wachen	**wa - chen**	**trocken**	**tro - cken**
drücken	**drü - cken**		

ck, **ch** und **sch** gelten als **ein** Mitlaut und werden deshalb nicht getrennt.
Dazu gehören auch die selteneren Mitlaute **ph**, **qu**, **th**.

❸ Trennung bei einzelnen Vokalen

Einzelne Vokale am Wortanfang oder Wortende werden **nicht** abgetrennt.

Arbeit - Abend - offen - Ofen
Ecke - Ufer - übrig - Übel

Welche Wörter aus dem Kästchen kannst du nicht trennen?
Abend, Ofen, Ecke, Übel, Ufer

Trenne die folgenden Wörter:

- Radio **Ra - dio**
- Alarmsignal **Alarm - sig - nal**
- Familie **Fa - mi - lie**
- Abendrot **Abend - rot**
- Ofenecke **Ofen - ecke**
- Eselei **Ese - lei**

❹ Arbeite mit deiner Wörterliste und finde jeweils noch zwei bis drei Beispiele.

Trennung nach **Sprechsilben**				
ohne Mitaute	1 Mitlaut	2 Mitlaute	3 Mitlaute	Trennung bei ck, ch und sch
Ei - er	ba - den	war - ten	imp - fen	ba - cken, Wo - che, Ta - sche

Und wer nicht ganz sicher trennen kann, fängt gleich eine neue Zeile an.

RS Name: ______________________ Datum: ______________

Zeichensetzung

Durch Satzzeichen wird ein Text übersichtlicher gegliedert. Dadurch wird er besser lesbar und verständlicher. Die wichtigsten Satzzeichen sind Punkt, Komma, Fragezeichen, Ausrufezeichen, Doppelpunkt und Bindestrich.

❶ Punkt, Fragezeichen, Ausrufezeichen

Eigene Beispiele:

Ich gehe heute zum Sport. (Aussagesatz)
Ihm geht es schlecht, weil er Fieber hat.
Gut. Besser. Ich natürlich.

.

Kommst du morgen zu mir? (Fragesatz)
Wer soll das alles bezahlen?
Wer? Was noch? Wie oft noch?

?

Mach bitte die Tür zu! (Aufforderungssatz)
Hurra, es hat geklappt! (Ausrufesatz)
Großartig! Weiter so! Viel Glück dazu!

!

Am Schluss eines Satzes steht nach einem Aussagesatz ein **Punkt** (.), nach einem Fragesatz ein **Fragezeichen** (?) und nach einem Aufforderungs- oder Ausrufesatz ein **Ausrufezeichen** (!). Aber auch nach Einzelwörtern und Wortgruppen können diese Satzzeichen stehen.

❷ Komma

Die neuen Kommaregeln enthalten eine Reihe von „kann-Regeln". Das Komma ist ein Gliederungszeichen.

- Wenn ein Satz auch ohne Kommas klar gegliedert und übersichtlich ist, braucht man kein Komma zu setzen.
- Wenn man einen Satz durch Kommas deutlicher gliedern kann, sollte man sie setzen, besonders bei längeren Sätzen.

Kommasetzung bei Aufzählungen

Gleichrangige Wörter und Wortgruppen/Teilsätze werden bei einer Aufzählung durch Komma voneinander getrennt, wenn sie nicht durch **„und/oder/sowie"** verbunden sind.

Eigene Beispiele:

ein zufriedenes, glückliches, erfolgreiches und gesundes Jahr
(Aufzählung gleichrangiger Adjektive)

Ich kaufe Brot, Wurst, Milch und Getränke ein.
Möchtest du Milch, Tee oder Saft trinken?
(Aufzählung gleichrangiger Substantive)

Ich möchte heute die Hausaufgaben machen, Freunde treffen, zum Spielen gehen, eine Brotzeit machen sowie abends noch einen Film anschauen.
(Aufzählung gleichrangiger Wortgruppen)

Weil heute so schönes Wetter war, weil viele deshalb zum Sportplatz gingen und weil es zu einem spannenden Fußballspiel kam, war das ein toller Nachmittag.
(Aufzählung gleichrangiger Teilsätze)

RS Name: ______________________ Datum: ______________________

Zeichensetzung

Kommasetzung in Satzreihen

Eine Satzreihe besteht aus selbständigen Sätzen (Hauptsätzen), die aufeinander folgen:

- Uschi möchte als Haustier einen Hund, ihr Bruder mag lieber einen Hamster.
- Der Lehrer gab noch Anweisungen, die Schüler schrieben den Aufsatz.
- Ich erledige noch meine Hausaufgaben, du gehst bereits zum Spielen.

> Zwischen Hauptsätzen steht ein Komma. Hauptsätze können auch durch Konjunktionen (Bindewörter) miteinander verbunden werden.

Welche Konjunktionen kannst du verwenden, um die obigen Sätze sinngemäß miteinander zu verbinden? Schreibe die Sätze nochmals mit einer Konjunktion.

____

____

____

> **Bindewörter (Konjunktionen)**, **vor** denen immer ein **Komma** steht:
> aber, daher, dann, denn, dennoch, deshalb, doch, jedoch, sondern, trotzdem, während

Mit und/oder verbundene Hauptsätze

Hauptsätze, die mit „**und**“ oder „**oder**“ verbunden sind, müssen nicht (mehr) durch ein Komma getrennt werden.

- Die Mutter kochte in der Küche(,) und der Vater arbeitete am Computer.
- Es war ein wunderschönes Wetter(,) und wir genossen den Tag am See.

> **Bindewörter (Konjunktionen) ohne Komma**:
> und, oder, sowie, entweder ... oder, sowohl ... als (auch), weder ... noch

Bei Hauptsätzen kann jedoch vor „und“ oder „oder“ ein Komma gesetzt werden, wenn dadurch die Gliederung des Satzes deutlicher wird.

- Es war oft so, dass er überhaupt nicht aufpasste(,) und der Lehrer musste ihn wieder ermahnen.
- Sollen wir uns das Spiel heute Abend im Fernsehen anschauen(,) oder sollen wir darauf verzichten?

Kommasetzung in Satzgefügen

❶ Komma im Satzgefüge zwischen **Hauptsatz** (HS) und **Nebensatz** (NS)

Komma trennen Hauptsatz und Nebensatz voneinander ab. Dabei gibt es drei Möglichkeiten:

- Nebensatz **nachgestellt**: Er kam nicht in die Schule, **weil er krank war**. (HS, NS)
- Nebensatz **vorangestellt**: **Weil er krank war**, kam er nicht in die Schule. (NS, HS)
- Nebensatz **eingefügt**: Er kam, **weil er krank war**, nicht in die Schule. (HS_1, NS, HS_2)

Trenne die folgenden Sätze durch Komma ab und schreibe in Kurzform (HS/NS) in Klammer dahinter, welche Stellung der Nebensatz (NS) hat. Unterstreiche unten in jedem Nebensatz die Konjunktion und das Prädikat. Finde jeweils noch ein Beispiel dazu.

- Ich kann heute früher zum Spielen gehen, da wir nur wenig aufhaben. (HS/NS)
- Ich freue mich auf den Film denn er soll sehr spannend sein. (________)

____

- Wenn ich heute aus der Schule komme gehe ich gleich zum Schwimmen. (________)
- Als es stark zu regnen anfing flüchtete ich schnell nach Hause. (________)

____

- Wir werden wenn das Wetter schön ist ins Schwimmbad gehen. (__________)

____

RS | Name: ______________________ | Datum: ______________

Zeichensetzung

Welche Konjunktionen sind in den Nebensätzen?

___

Welche weiteren Konjunktionen kennst du?

___

Was kannst du über die Stellung des Prädikats im Nebensatz aussagen?

___

So erkennt man einen **Nebensatz**:

1. Er hat eine einleitende ______________, z. B. aber, als, da, daher, dass, deshalb, doch, jedoch, nachdem, obwohl, sondern, trotzdem, während, weil, wenn

2. Das Prädikat steht immer ______________ des Nebensatzes.

3. Ein Nebensatz kann nicht __________ stehen, er ist immer auf einen Hauptsatz angewiesen.

So erkennt man die **Kommastelle**:

Wo beim Sprechen des Satzgefüges die ______________ erfolgt, wird ein Komma gesetzt.

❷ Die Kommasetzung bei **Relativsätzen**

Nebensätze können auch Relativsätze sein, die durch folgende Relativpronomen eingeleitet werden: der, die, das, welcher, welche, welches.

- Das ist eine Sendung, **die** mir besonders gut gefällt.
- Ein Spieler, **welcher** besonders hart trainiert, hat weniger Freizeit.

Hauptsatz und Relativsatz werden durch Komma abgetrennt.

❸ Wortgruppen mit **Infinitiv + zu** oder einem **Partizip**

Schreibe noch eigene Beispiele dazu.

① Bei Wortgruppen mit einem Infinitiv oder einem Partizip wird in der Regel **kein Komma** gesetzt.

- Es ist wirklich schön dich wiederzusehen. ______________
- Es lohnt sich den Film heute anzuschauen. ______________
- Ich nehme mir vor ihm eine SMS zu schicken. ______________
- Strahlend vor Freude erzählte er uns alles. ______________
- Am Zielort angekommen gingen wir essen. ______________

② Bei Infinitivgruppen (= Wortgruppe mit **zu + Infinitiv**) **muss ein Komma** gesetzt werden, wenn sie

1. mit **um**, **als**, **anstatt**, **außer**, **ohne**, **oder**, **statt** eingeleitet werden.

- Er geht in sein Zimmer, **um zu arbeiten**.
- **Statt** seine Aufgaben **zu machen**, hörte er Radio.
- Es gibt nichts Schöneres, **als** im Meer **zu schwimmen**.
- Erzähle mir alles, **ohne zu lügen**.

2. von einem **Nomen** abhängen.

- Mein **Vorschlag**, ins Kino zu gehen, wurde gerne aufgenommen.
- Er gab uns den **Rat**, nicht dorthin zu gehen.
- Ich habe den **Wunsch**, ein neues Fahrrad zu bekommen.

3. durch ein **hinweisendes Wort** angekündigt werden.

- Denke bitte **daran**, dein Fahrrad abzuschließen.
- Ich freue mich **darauf**, bald Geburtstag zu haben.

RS	Name: ____________________	Datum: ______________	

Zeichensetzung

❹ Ein Komma sollte jedoch auch gesetzt werden, um **Missverständnisse zu vermeiden** bzw. die **Gliederung des ganzen Satzes zu verdeutlichen**.

- Er versprach, seinem Vater einen Brief zu schreiben.
- Er versprach seinem Vater, einen Brief zu schreiben.
- Der Politiker riet, ihnen zu helfen.
- Der Politiker riet ihnen, zu helfen.

④ **Kommasetzung bei Zusätzen oder Nachträgen**

Zusätze und Nachträge sind in den Satz eingeschoben, und vor und (meist) nach dem Einschub wird ein Komma gesetzt. Nach dem Einschub kann auch ein Punkt stehen.
Finde jeweils noch ein eigenes Beispiel.

1. Eingeschobener Hauptsatz:

- Am Freitag, es war mitten in der Nacht, hörte ich einen lauten Schrei.

____

____

2. Apposition (Beifügung):

- Fritz Müller, unser Klassenbester in Mathematik, hat heute Geburtstag.
- Der Chef meines Vaters, ein ganz netter Kerl, besucht uns heute Abend.

____

____

3. Nachgestellte Erläuterungen (werden häufig eingeleitet mit Wörtern wie also, besonders, das heißt [d. h.], nämlich, und zwar, vor allem, zum Beispiel [z. B.]

- Obst, besonders Kirschen und Bananen, isst sie gern.
- Heute Abend, wahrscheinlich um $19^{\underline{00}}$ Uhr, kommt ein spannender Film.
- Morgen früh, d. h. genau um $6^{\underline{00}}$ Uhr, fliegen wir in Urlaub.

____

____

4. Nachgetragene Wortgruppen:

- Ein Mitarbeiter, sprachinteressiert und schreibgewandt, wird gesucht.

____

____

⑤ **Komma bei Anreden und Ausrufen**

Anrede:	Ausruf:
Hans, gehst du morgen mit?	Ach ja, das ist schlecht gelaufen!
Kinder, seid jetzt bitte still!	O weh, das war ganz schön knapp!
______________________	______________________
______________________	______________________

Nach einer Anrede in Briefen kann man ein **Komma** oder ein **Ausrufezeichen** setzen.

Lieber Franz**,**	Lieber Franz**!**
endlich komme ich dazu ...	**E**ndlich komme ich dazu ...

RS	Name: ____________________	Datum: ____________	

Zeichensetzung bei der wörtlichen Rede

Die **wörtliche Rede** (WR) ist durch **Anführungszeichen („ “)** gekennzeichnet und steht mit einem **Begleitsatz** (BS). Dabei kann der Begleitsatz **vorangestellt**, **nachgestellt** oder **eingeschoben** sein.

❶ Vorangestellter Begleitsatz:

Alex stöhnte Hoffentlich haben wir heute hitzefrei [BS] [WR]

BS WR

❷ Nachgestellter Begleitsatz:

Hoffentlich haben wir heute hitzefrei stöhnte Alex [WR] [BS]

WR BS

> **Vor** dem Begleitsatz steht immer ein **Komma**. Die am Anfang stehende wörtliche Rede kann mit einem Fragezeichen oder Ausrufezeichen enden, nicht aber mit einem Punkt.

❸ Eingeschobener Begleitsatz:

Hoffentlich stöhnte Alex haben wir heute hitzefrei [WR] [BS] [WR]

WR BS WR

> **Vor** und **nach** dem Begleitsatz steht immer ein **Komma**. Nach dem Satzschlusszeichen (. ! ?) wird das letzte Anführungszeichen (. ! ? “) gesetzt

Setze bei den beiden folgenden Witzen alle fehlenden Satzzeichen (auch Anführungszeichen) ein. Schreibe den Witz nochmals mit allen Satzzeichen auf.

Der Professor sucht seine Brille. Er fragt seine Frau
Weißt du wo ich gestern Abend meine Brille hingelegt habe
Nein ich habe keine Ahnung meint achselzuckend seine Frau
Schrecklich seufzt der Professor diese Vergesslichkeit bei euch Frauen

____

____

____

____

Ein Schotte fragt den Taxifahrer Was kostet es zum Bahnhof
Zwanzig Euro antwortet der Fahrer
Und die beiden Koffer möchte der Schotte wissen
Die kosten nichts meint der Taxifahrer
Also gut sagt der Schotte dann fahren Sie bitte die Koffer zum Bahnhof Ich komme zu Fuß nach

____

____

____

____

____

RS Name: ______________________ Datum: ______________

Zeichensetzung bei der wörtlichen Rede

Die **wörtliche Rede** (WR) ist durch **Anführungszeichen („ “)** gekennzeichnet und steht mit einem **Begleitsatz** (BS). Dabei kann der Begleitsatz **vorangestellt**, **nachgestellt** oder **eingeschoben** sein.

❶ Vorangestellter Begleitsatz:

Alex stöhnte**:** „Hoffentlich haben wir heute hitzefrei**!“** BS **:„** WR **!“** (oder **.“/?“**)

BS :„ WR !“

❷ Nachgestellter Begleitsatz:

„Hoffentlich haben wir heute hitzefrei**!“,** stöhnte Alex**.** „ WR **!“,** BS **.** (oder **?“,**)

„ WR !“, BS .

Vor dem Begleitsatz steht immer ein Komma. Die am Anfang stehende wörtliche Rede kann mit einem Fragezeichen oder Ausrufezeichen enden, nicht aber mit einem Punkt.

❸ Eingeschobener Begleitsatz:

„Hoffentlich**“,** stöhnte Alex**,** „haben wir heute hitzefrei**!“** „ WR “, BS , „ WR !“

„ WR “, BS , „ WR !“

Vor und **nach** dem Begleitsatz steht immer ein **Komma**. Nach dem Satzschlusszeichen (. ! ?) wird das letzte Anführungszeichen (. ! ? “) gesetzt

Setze bei den beiden folgenden Witzen alle fehlenden Satzzeichen (auch Anführungszeichen) ein. Schreibe den Witz nochmals mit allen Satzzeichen auf.

Der Professor sucht seine Brille Er fragt seine Frau
Weißt du wo ich gestern Abend meine Brille hingelegt habe
Nein ich habe keine Ahnung meint achselzuckend seine Frau
Schrecklich seufzt der Professor diese Vergesslichkeit bei euch Frauen

Der Professor sucht seine Brille. Er fragt seine Frau:
„Weißt du, wo ich gestern Abend meine Brille hingelegt habe?“
„Nein, ich habe keine Ahnung“, meint achselzuckend seine Frau.
„Schrecklich“, seufzt der Professor, „diese Vergesslichkeit bei euch Frauen!“

Ein Schotte fragt den Taxifahrer Was kostet es zum Bahnhof
Zwanzig Euro antwortet der Fahrer
Und die beiden Koffer möchte der Schotte wissen
Die kosten nichts meint der Taxifahrer
Also gut sagt der Schotte dann fahren Sie bitte die Koffer zum Bahnhof Ich komme zu Fuß nach

Ein Schotte fragt den Taxifahrer: „Was kostet es zum Bahnhof?“
„Zwanzig Euro“, antwortet der Fahrer.
„Und die beiden Koffer?“, möchte der Schotte wissen.
„Die kosten nichts“, meint der Taxifahrer.
„Also gut“, sagt der Schotte, „dann fahren Sie bitte die Koffer zum Bahnhof. Ich komme zu Fuß nach.“

RS	Name: ____________________	Datum: ____________	

Der Bindestrich

Der Bindestrich dient vor allem dazu, bei Wortzusammensetzungen die einzelnen Bestandteile deutlicher hervorzuheben und gleichzeitig miteinander zu verbinden.
➪ leichter verständliche Ein-Wort-Bezeichnungen

❶ Ein Bindestrich **muss** gesetzt werden:

① **Bindestrich in Zusammensetzungen mit Einzelbuchstaben, Abkürzungen und Ziffern**

Einzelbuchstaben		Abkürzungen		Ziffern	
T-Shirt	Dehnungs-h	LKW-Ladung	Fußball-WM	10-jährig	der 10-Jährige

Trage oben die Zusammensetzungen ein:

A-Dur, Kfz-Meister, 8-Zylinder, km-Angabe, S-Kurve, UV-Bestrahlung, 3:2-Sieg, x-beinig, D-Zug, UKW-Antenne, 3/4-Takt

② **Der Bindestrich gliedert lange und unübersichtliche Zusammensetzungen**
Der Bindestrich steht dann bei mehrteiligen Wörtern und als Nomen gebrauchten Wörtern **zwischen allen Bestandteilen der Zusammensetzung**.

40-Stunden-Woche, Berg-und-Tal-Bahn, das Sowohl-als-auch, ______________________________

____

____

Setze oben die folgenden Zusammensetzungen übersichtlicher mit Bindestrich ein.

Zweizimmerwohnung, Fünfzigeuroschein, das Entwederoder, der Sechszylindermotor, das Indentaghineinleben, das Frageundantwortspiel, das Aufdielangebankschieben

❷ Ein Bindestrich **kann** gesetzt werden:

① Hervorhebung einzelner Bestandteile:
Die Kann-Bestimmung, der dass-Satz, ______________________________

② Kennzeichnung gleichrangiger Adjektive:
physikalisch-chemische Gesetze, schwarz-rot-golden, ______________________________

③ Gliederung unübersichtlicher Zusammenhänge:
Blutdruck-Messgerät, ______________________________

④ Bindestriche (Ergänzungsstriche) ersetzen bei Aufzählungen einen gleichen Wortbestanteil:
Wohnraum und Schlafraum / Wohn- und Schlafraum, zweifach bis dreifach/____________________,
Balkontür und Haustür/____________________, bergauf und bergab/____________________,
Zusammenschreibung und Getrenntschreibung/______________________________,
statt nebeneinandergehen hintereinandergehen/______________________________,
Apfelbäume, Birnbäume und Nussbäume/______________________________.

⑤ Bessere Lesbarkeit bei Wortzusammensetzungen von drei gleichen Buchstaben:
Kaffeeexport - Kaffee-Export, Balletttänzerin - Ballett-Tänzerin
Betttuch - ______________, Schifffahrt - ______________, Rollladen - ______________,

____

⑥ Vermeidung von Missverständnissen:
Musikerleben: Musik-Erleben, Musiker-Leben, Drucker-Zeugnis, Druck-Erzeugnis

RS	Name:	Datum:

Der Bindestrich

Der Bindestrich dient vor allem dazu, bei Wortzusammensetzungen die einzelnen Bestandteile deutlicher hervorzuheben und gleichzeitig miteinander zu verbinden.

➪ leichter verständliche Ein-Wort-Bezeichnungen

❶ Ein Bindestrich **muss** gesetzt werden:

① **Bindestrich in Zusammensetzungen mit Einzelbuchstaben, Abkürzungen und Ziffern**

Einzelbuchstaben		Abkürzungen		Ziffern	
T-Shirt	Dehnungs-h	LKW-Ladung	Fußball-WM	10-jährig	der 10-Jährige
A-Dur	**S-Kurve**	**Kfz-Meister**	**km-Angabe**	**8-Zylinder**	**5-mal**
x-beinig	**D-Zug**	**UV-Bestrahlung**	**UKW-Antenne**	**3:2-Sieg**	**3/4-Takt**

Trage oben die Zusammensetzungen ein:

A-Dur, Kfz-Meister, 8-Zylinder, km-Angabe, S-Kurve, UV-Bestrahlung, 3:2-Sieg, x-beinig, D-Zug, UKW-Antenne, 3/4-Takt

② **Der Bindestrich gliedert lange und unübersichtliche Zusammensetzungen**

Der Bindestrich steht dann bei mehrteiligen Wörtern und als Nomen gebrauchten Wörtern **zwischen allen Bestandteilen der Zusammensetzung**.

40-Stunden-Woche, Berg-und-Tal-Bahn, das Sowohl-als-auch, **2-Zimmer-Wohnung, 50-Euro-Schein, das Entweder-oder, der Sechs-Zylinder-Motor, das In-den-Tag-hineinleben, das Frage-und-Antwort-Spiel, das Auf-die-lange-Bank-schieben**

Setze oben die folgenden Zusammensetzungen übersichtlicher mit Bindestrich ein.

Zweizimmerwohnung, Fünfzigeuroschein, das Entwederoder, der Sechszylindermotor, das Indentaghineinleben, das Frageundantwortspiel, das Aufdielangebankschieben

❷ Ein Bindestrich **kann** gesetzt werden:

① Hervorhebung einzelner Bestandteile:

Die Kann-Bestimmung, der dass-Satz, **die Soll-Stärke, der Ist-Bestand**

② Kennzeichnung gleichrangiger Adjektive:

physikalisch-chemische Gesetze, schwarz-rot-golden, **ein englisch-deutsches Wörterbuch**

③ Gliederung unübersichtlicher Zusammenhänge:

Blutdruck-Messgerät, **Lotto-Annahmestelle, Software-Angebotspreise**

④ Bindestriche (Ergänzungsstriche) ersetzen bei Aufzählungen einen gleichen Wortbestanteil:

Wohnraum und Schlafraum / Wohn- und Schlafraum, zweifach bis dreifach/ **zwei- bis dreifach**, Balkontür und Haustür/ **Balkon- und Haustür**, bergauf und bergab/ **bergauf und-ab**, Zusammenschreibung und Getrenntschreibung/ **Zusammen- und Getrenntschreibung**, statt nebeneinandergehen hintereinandergehen/ **statt neben- hintereinandergehen**, Apfelbäume, Birnbäume und Nussbäume/ **Apfel, Birn- und Nussbäume**.

⑤ Bessere Lesbarkeit bei Wortzusammensetzungen von drei gleichen Buchstaben:

Kaffeeexport - Kaffee-Export, Balletttänzerin - Ballett-Tänzerin

Betttuch - **Bett-Tuch**, Schifffahrt - **Schiff-Fahrt**, Rollladen - **Roll-Laden**, **Wellness-Salon, Schnee-Erlebnis, Schnell-Läufer, Brenn-Nessel, Nuss-Schokolade**

⑥ Vermeidung von Missverständnissen:

Musikerleben: Musik-Erleben, Musiker-Leben, Drucker-Zeugnis, Druck-Erzeugnis

Ausgewählte Wörter zur **Groß-/Kleinschreibung** und **Zusammen-/Getrenntschreibung**

Aus Platzgründen wurden Wörter, die man sowohl zusammengesetzt als auch getrennt schreiben kann, weniger berücksichtigt, z.B. allgemein bildend / allgemeinbildend, besorgniserregend / Besorgnis erregend. Bei zwei Möglichkeiten der Schreibweise steht die nach Duden empfohlene immer an erster Stelle.

der **Abend**, am Abend
gestern / heute / morgen Abend
abends, spätabends
samstagabends, samstag**s** abends

abhandenkommen

abwärtsfahren, abwärtsgehen

achtgeben / Acht geben, gib acht / Acht außer Acht lassen

ähnlich, sich ähnlich sein
und / oder Ähnliches
etwas / nichts / viel Ähnliches

alle, allerdings
am allerbesten, der Allerbeste
allerlei, das Allerlei
all(er)seits, alltäglich

allein, allein sein, das Alleinsein
alleinerziehend / allein erziehend
allein lassen (im Zimmer)
alleinlassen (im Stich lassen)
allein stehend (Baum)
alleinstehend (ohne Partner)

allgemein bekannt
im Allgemeinen, das Allgemeine
allgemeingültig / allgemein gültig
allgemeinverständlich, allgemein verständlich, allgemeinbildend / allgemein bildend

allzu oft, allzu viel(e), allzu sehr

alt, der / die Alte
das Alte Testament (A.T.)
Alt(e) und Jung(e), Altes und Neues
beim Alten bleiben
am Alten hängen, aus Alt mach Neu

ander... ein anderes Mal
der / die / das andere / Andere
der eine / Eine kommt, der andere / Andere geht, etwas anderes / Anderes
kein anderer / Anderer

aneinandergeraten, ~hängen
aneinander vorbeigehen

Angst haben, Angst machen
mir wird angst (und bange)

arg, ärger
Arges / das Ärgste befürchten

aufseiten / auf Seiten
aufwärtsfahren, aufwärtsgehen
aber: den Berg aufwärts gehen

arm, der / die Arme
Arm(e) und Reich(e)
armmachen / arm machen

aufeinanderlegen, aufeinanderprallen
aufeinander achten / hören

aufwärtsfahren, aufwärtsgehen
den Berg aufwärts gehen

auseinander sein
auseinandergehen, auseinandersetzen

außerstande (unfähig) sein / außer Stande sein

Auto fahren, das Autofahren

beieinander sein, das Beieinandersein

beieinanderbleiben, beieinandersitzen

bekannt sein, der/die Bekannte
jemand / etwas Bekanntes
bekannt geben / bekanntgeben
bekannt machen / bekanntmachen

bereit sein
bereitfinden, bereithalten, bereitstellen
bereit machen / bereitmachen
bereit erklären / bereiterklären

besonder...
ein besonderer Fall
das Besondere, im Besonderen
etwas / nichts Besond(e)res

besser sein / werden / wissen
eines Besseren belehren, etwas Besseres, besser gehen / bessergehen

besten... am besten sein / machen
das Beste, der erste Beste
etwas zum Besten geben

bestehen bleiben / lassen

beziehen, Bezug nehmen
in Bezug auf
bezugnehmend / Bezug nehmend

bieten lassen
bieten lassen / bietenlassen (ertragen)

blank polieren / blankpolieren

blau sein, das Blaue
eine Fahrt ins Blaue, die Farbe Blau
der Blaue / blaue Brief

bleiben lassen
bleiben lassen / bleibenlassen (nicht mehr tun)

blicken lassen / blickenlassen

böse sein, das Böse
im Bösen, zum Bösen wenden

braun, die Bräune
braungebrannt / braun gebrannt

brustschwimmen / Brust schwimmen

da sein, das Dasein
er ist schon da gewesen
dableiben, dalassen

dabei sein, dafür sein

dagegen sein,
dagegenhalten, dagegensetzen

daheim sein
daheimbleiben, daheimsitzen

daher, daherreden

dahin, bis dahin
dahinab, dahinauf
dahingehen (vergehen)
! dahin (und nicht dorthin) gehen

dahintersein
dahinterklemmen
dahinterkommen (etwas erfahren)
dahinter (hinter jemand) kommen

Danke / danke sagen

darauf, drauf, daraufsetzen
draufgehen, daraufhin

darüber, drüber
darüberlegen, darüberfahren
darüber streiten

dazwischenkommen,
dazwischenreden

dein, dein Geld
dein / Dein (in Briefen)
nicht Mein und Dein verwechseln

deutsch, deutsch reden
auf, in Deutsch sagen
der Deutsche Schäferhund
Deutsch sprechend / deutschsprechend

dick sein, dicke Luft
durch dick und dünn gehen
dickmachen / dick machen

dort sein, dorthin, dorther
dorthinauf, dorthinunter

dicht machen / dichtmachen
dichtbesiedelt / dicht besiedelt
dichtbevölkert / dicht bevölkert

draufgehen, draufkommen
draufmachen, drauflosgehen
(gut) drauf sein

draußen sein
draußenbleiben, draußenlassen

drinnenbleiben

dritt, zu dritt sein
der / die / das Dritte
der lachende Dritte

du, du und ich, du / Du (in Briefen)
das Du anbieten, mit Du anreden
Du / du zueinander sagen

dumm sein, sich dumm stellen
der Dümmste von allen

dunkel sein
im Dunkeln lassen / tappen

durcheinander (verwirrt) sein
das Durcheinander
durcheinanderbringen, ~reden

ebenso gut, ebenso viel

einig sein / werden
einige Mal(e), einigermaßen

einmal, auf einmal
nur ein Mal

ein, ein Haus, einmal
der, die, das eine / Eine
sein Ein und Alles
vom einen / Einen zum anderen / Anderen

einzeln kommen / eintreten
der / die / das Einzelne
jede(r) Einzelne
bis ins Einzelne, im Einzelnen

einzig, ein einziges Mal
der / die / das Einzige
als Einziger, kein Einziger

Eis, ein Eis essen
eislaufen, das Eislaufen

eng, enge Straßen
engbefreundet / eng befreundet
aufs Engste / engste befreundet

Erdöl fördernd / erdölfördernd

Erfolg versprechend / erfolgversprechend

ernst sein / werden
allen Ernstes, im Ernst
ernst gemeint, jemanden / etwas ernst nehmen

erste, das erste Mal, zum ersten Mal
der Erste, als Erster, zum Ersten
die erste / Erste Hilfe
der Erste Weltkrieg

etwas, noch etwas wollen
das gewisse Etwas

fahren, Auto fahren
Rad fahren, Ski fahren

fallen, in keinem Fall
fallen lassen (auf den Boden)
seine Pläne fallenlassen / fallen lassen

färben, blau / grün / rot färben
blaufärben, grünfärben, rotfärben
blau gefärbt / blaugefärbt

fehlgehen, fehlschlagen

fein machen / feinmachen

fern, das Ferne suchen
fernbleiben, das Fernbleiben
fernhalten, fernsehen

fertig, fertig sein
fertig machen / fertigmachen (Arbeit)
! jemanden fertigmachen (demütigen)
fertig stellen / fertigstellen
fertig werden / fertigwerden

fest, festes Gehalt
festhalten, (ganz) fest halten
festlegen, festnehmen
feststehen (sicher sein)
aber: fest stehen (festen Stand haben)

flüssig machen / flüssigmachen (Wachs)
Geld flüssigmachen (verfügbar machen)

fett gedruckt / fettgedruckt

folgen, der / die / das Folgende
bitte Folgendes beachten
im Folgenden, mit Folgendem

frei, frei sein / werden
das Freie, im Freien, ins Freie
Freie Hansestadt Bremen
den Oberkörper frei machen / freimachen
! den Brief freimachen
frei sprechen (ohne Vorlage)
! den Angeklagten freisprechen
frei lebende Tiere / freilebende Tiere

Freude, freudestrahlend
vor Freude strahlende Augen

frisch gebacken / frischgebacken

Furcht erregend, furchterregend

früh, in der Frühe
frühmorgens, morgen früh / Früh

ganz, das Ganze
im (Großen und) Ganzen
aufs Ganze gehen, als Ganzes
ganz machen / ganzmachen (reparieren)

gegeneinanderprallen, ~stoßen
gegeneinander kämpfen / spielen

geheim, geheime Wahlen
im Geheimen ! insgeheim
geheim bleiben, geheim halten

gehen, nach Hause gehen lassen
sich gehen lassen / gehenlassen
(sich nicht beherrschen)

gerade stehen (aufrecht stehen)
geradestehen (verantwortlich sein)
den Draht gerade biegen / geradebiegen, geradebiegen (in Ordnung bringen)

gering, das Geringste
nicht im Geringsten
gering schätzen / geringschätzen

Gewinn bringend / gewinnbringend

gleich, das Gleiche tun
aufs Gleiche hinauskommen
Gleich und Gleich gesellt sich gern
gleich bleibend / gleichbleibend freundlich, gleich (sofort) kommen
gleichkommen (entsprechen)

groß sein / werden
etwas, nichts, wenig Großes
Otto der Große, der Große Bär
groß schreiben (in großer Schrift)
großschreiben (mit großen Anfangsbuchstaben), groß gewachsen / großgewachsen

Grund, aus diesem Grunde
aufgrund / auf Grund (dessen, von)
zugrunde / zu Grunde legen, liegen

Gunst, zu seinen Gunsten
zugunsten / zu Gunsten
zu ungunsten / zu Ungunsten

gut, das Gute, alles Gute
etwas / nichts / viel / wenig Gutes
etwas im Guten sagen
gut schreiben (sauber, ordentlich)
! gutschreiben (einen Betrag)
gut aussehend / gutaussehend
zugutekommen / zugutehalten

halb, eine halbe Stunde
nichts Halbes und nichts Ganzes
halb offene / halboffene Tür
halb volles / halbvolles Glas

hängen bleiben (an einem Nagel)
hängen bleiben / hängenbleiben (im Gedächtnis), hängen lassen (seine Jacke)
hängen lassen / hängenlassen (im Stich lassen)

hart, hart sein / werden
hart machen / hartmachen
hart gekochtes / hartgekochtes Ei

Haus halten, haushalten
nach Hause / nachhause
zu Hause / zuhause

heilig, ein Heiliger
der Heilige Abend
der Heilige Vater (Papst)
die Heilige Schrift (Bibel)
heiligsprechen

heiß, etwas heiß begehren
das Essen heiß machen / heißmachen
jemanden heißmachen (anspornen)
heiß gelaufener / heißgelaufener Motor

hell, hellblau, hellsehen
hell leuchtende / helleuchtende Sterne

heute Morgen / Mittag / Abend
heute Nacht, heute früh / Früh

Hilfe suchend / hilfesuchend
mit Hilfe / mithilfe
die Erste Hilfe / die erste Hilfe

hintereinanderkommen, ~stellen
hintereinander ankommen / aufstellen

hinterhergehen, hinterherlaufen

hier sein, hier wohnen
hierbleiben, hierlassen

hoch sein, ein Hoch
hochachten / hoch achten

hochkurbeln, hochspringen
hoch begabt / hochbegabt
hoch bezahlt / hochbezahlt

infrage / in Frage stellen
das komm nicht infrage / in Frage

irgend... irgendein(e, er)
irgendetwas, irgendjemand
irgendwann, irgendwohin

ja sagen / Ja sagen
mit einem Ja antworten

jeder, jedermann
jeder Einzelne, jedes Mal
jederzeit, zu jeder Zeit

jung sein, Jung(e) und Alt(e)
nicht mehr der Jüngste sein
jung geblieben / junggeblieben

kahl sein / werden
kahl fressen / kahlfressen
kahl schlagen / kahlschlagen

kalt, der Kalte Krieg
kalt bleiben (das Wetter)
! kaltbleiben (sich nicht aufregen)
kaltstellen / kalt stellen (Bier)
! kaltstellen (jemanden ausschalten)

kaputt, kaputtlachen
kaputt machen / kaputtmachen
kaputt schlagen / kaputtschlagen

kennenlernen / kennen lernen

klar sein, klar werden
ins Klare kommen, im Klaren sein
klarkommen, klarmachen, klarstellen

klein, von klein auf, ein klein wenig
der Kleine, die Kleinste, die Kleinen
bis ins Kleinste
etwas, nichts, viel, wenig Kleines
klein machen / kleinmachen
einen Text klein schreiben (kleine Schrift)
Wörter (außer Nomen) kleinschreiben

kopfrechnen, kopfstehen

Kosten sparend / kostensparend

krank sein, werden, liegen
krank machen / krankmachen
krankmachen (der Arbeit fernbleiben)
krankmelden, ~lachen, ~schreiben

Krieg führend / kriegführend

krumm biegen / krummbiegen
krummlachen, krummlegen

kurz, vor kurzem / Kurzem
den Kürzeren ziehen
kurz gefasster / kurzgefasster Text
kurz geschnitten / kurzgeschnitten
kurzhalten, kürzerhalten, kurztreten

lang, vor, seit langem / Langem
vor, seit längerem / Längerem
lang ersehnte / langersehnte Hilfe
langlaufen, langlegen, langweilen
jahrelang; aber: drei Jahre lang

laufen, eislaufen
Ski / Schlittschuh laufen
einen Hund im Freien laufen lassen
laufen lassen / laufenlassen (freilassen)
auf dem Laufenden sein

leer sein, werden
die Leere, ins Leere starren
den Teller leer essen / leeressen
die leer stehende / leerstehende Wohnung

leicht, leicht lernen
etwas, nichts Leichtes
leicht, schwer fallen (auf diesem Boden)
leichtfallen (keine Mühe machen)
leicht verdauliche / leichtverdauliche Speise

Leid, sein Leid klagen
jmdn. etwas zuleide / zu Leide tun
leidtun, es tut mir leid
das braucht dir nicht leidzutun

lernen, Englisch, Spanisch lernen
das Lernen, das Sprachenlernen
schätzen lernen, das Schätzenlernen
kennenlernen / kennen lernen

letzte, zum letzten Mal
der Letzte, als Letzter kommen
bis ins Letzte, bis zum Letzten gehen
letztendlich, letztmalig, letztmöglich

lieb, liebäugeln, liebkosen
lieb haben / liebhaben
lieb gewinnen / liebgewinnen
am liebsten, es ist mir das Liebste

liegen, liegen bleiben (im Bett)
liegen bleiben / liegenbleiben
(nicht erledigt werden)
liegen lassen (auf dem Boden)
liegen lassen / liegenlassen (nicht erledigen)

links, links gehen / stehen
links außen spielen, der Linksaußen
links abbiegend / linksabbiegend

locker sein, werden, bleiben
nicht lockerlassen (nachgeben)
den Gürtel locker machen / lockermachen, Geld lockermachen (hergeben)

Mal, das erste / letzte Mal
jedes Mal, nächstes Mal
manchmal, manches Mal
beide Wörter betont: ein Mal
hundert Mal, tausend Mal

Marathon laufen, marathonlaufen
beim Marathonlaufen

Maschine schreiben
! ein maschine(n)geschriebener Brief

maßhalten / Maß halten
maßregeln

meist, am meisten, das meiste / Meiste
meistbietend, meistgekauft

Metall verarbeitend / metallverarbeitend

meterhoch, drei Meter hoch
meterlang, ein Meter lang

das Mindeste / mindeste
nicht im Mindesten / mindesten
zum Mindesten / mindesten (wenigsten)

Mittag, am, über Mittag
heute, morgen, gestern Mittag
mittags, sonntagmittags
sonntag**s** mittags

möglich, möglicherweise
das Mögliche, alles Mögliche
mein, sein Möglichstes tun

morgen, am Morgen
heute, gestern Morgen
morgen Mittag / Abend
morgen früh / Früh
morgens, frühmorgens
bis morgen, montagmorgens

zumute / zu Mute sein

nahe, näher, am nächsten
von nahem / Nahem
das Nähere, Näheres erfahren
nahe liegend / naheliegend
ein Stück näher kommen
sich näherkommen (vertrauter werden)
nahelegen (empfehlen)

der, die **Nächste,** bitte
als Nächster drankommen

nass, nass machen / nassmachen
nass geschwitzt / nassgeschwitzt

nebeneinanderlegen / ~sitzen
nebeneinander hergehen

nein / Nein sagen, mit Nein stimmen

neu, von neuem / Neuem
seit neuem / Neuem, aufs Neue
das Neue Testament
neu eröffnet / neueröffnet

nicht, gar nicht, nicht einmal
nicht öffentlich / nichtöffentlich
nicht rostend / nichtrostend
nichts sagend / nichtssagend
nichts ahnend / nichtsahnend

Not, Not leiden, Not lindern
in Not (Nöten) sein,
Not leidend / notleidend
nottun, Hilfe tut not

null, die Null
null Fehler, drei zu null verlieren
bei null anfangen, unter null sinken
eine Null sein, eine Zahl mit 5 Nullen

zu Nutze / zunutze machen

oben, nach oben, oben sein
der oben stehende / obenstehende Satz
das oben Erwähnte / Obenerwähnte

offen, offenbaren, offenkundig
offen bleiben (Fenster, Tür)
offenbleiben (ungeklärt sein)

oft, am öftesten, des Öfteren

Papier verarbeitend / papierverarbeitend

Pflanzen fressend / pflanzenfressend

Platz machen / finden / nehmen
Platz sparend / platzsparend

pleite sein, werden, Pleite machen
! pleitegehen, der Laden geht pleite

quer, querdurch, querfeldein
in die Quere kommen
querlegen, querstellen
quer gestreift / quergestreift

Rad fahren / schlagen
das / beim Radfahren
Rad fahrende / radfahrende Kinder

zu Rande / zurande kommen

Rat holen / suchen
Rat suchend / ratsuchend
zu Rate / zurate ziehen

recht sein, im Recht sein
recht / Recht behalten, recht / Recht geben, recht / Recht behalten / bekommen
zu Recht verärgert / reklamiert
zurechtfinden, zurechtkommen

reich sein / werden
Arm und Reich
reich geschmückt / reichgeschmückt

rein, rein halten
ins Reine bringen / kommen / schreiben
rein machen / reinmachen (Zimmer)

richtig, richtig machen / schreiben
das Richtige sein / tun
die Uhr richtig stellen / richtigstellen
! seine Aussage richtigstellen (verbessern), eine richtig gehende / richtiggehende Uhr

rot, das Rot, in Rot, bei Rot
das Rote Meer, das Rote Kreuz
rot glühende / rotglühende Sonne

rückenschwimmen / Rücken schwimmen

rückwärtsgehen, rückwärtslaufen
rückwärts einparken

ruhen lassen (den Vater)
einen Streit ruhen lassen / ruhenlassen

satt sein / werden, sich satt essen
satthaben, sich sattsehen
satt machen / sattmachen

sauber halten
sauber machen / saubermachen

schief sein / halten / ansehen
schief gehen (schlechte Haltung)
schiefgehen (missglücken)
schieflachen, schieflachen

Schlange stehen

schlecht sein / werden
etwas, nichts, viel, wenig Schlechtes
schlecht gehen können (in neuen Schuhen), es sich nicht schlecht gehen lassen / schlechtgehen lassen

schlecht gelaunt / schlechtgelaunt

schleifen lassen / schleifenlassen
(sich um nichts mehr kümmern)
schleifen lassen (ein Messer)

schlimm sein, werden
das Schlimmste, aufs Schlimmste

schmerzstillend, den Schmerz stillend

schnell laufen, auf die Schnelle

schön sein, die Schönste von allen
etwas / nichts Schönes
schön machen / schönmachen

Schuld geben / haben / tragen
schuld sein / werden
zuschulden / zu Schulden kommen lassen, schuldig sprechen / schuldigsprechen

schwach sein, werden
schwach werden / schwachwerden (nachgeben), schwach machen / schwachmachen (schwächen)
schwach betont / schwachbetont

schwarz sein, schwarz auf weiß
ins Schwarze treffen
das Schwarze Meer
das Schwarze / schwarze Brett
schwarz malen / schwarzmalen
schwarzarbeiten / schwarzärgern
schwarzfahren, schwarzsehen
schwarz-rot-golden / schwarzrotgolden

schwer behindert / schwerbehindert
schwer krank / schwerkrank
schwer fallen (mit dem Rad)
schwerfallen (Mühe machen)
der schwer Kranke / Schwerkranke

sein lassen / seinlassen (nicht tun)

Seite zehn (S.10)
von allen Seiten, zur Seite gehen
aufseiten / auf Seiten
vonseiten / von Seiten

selbst gebacken / selbstgebacken
selbst verdient / selbstverdient

selig machen / seligmachen
seligpreisen, seligsprechen

sicher sein, werden
das Sicherste, im Sichern (geborgen) sein, sicher gehen (über einen Steg)
sichergehen (Gewissheit haben)
sicher machen / sichermachen

sitzen bleiben (nicht aufstehen)
sitzen bleiben / sitzenbleiben (nicht versetzt werden), sitzen lassen (auf der Bank), sitzenlassen / sitzen lassen (im Stich lassen)

so oft, so sehr, so viel, so weit
! als Konjunktion letzte Silbe betont
soviel ich weiß..., sooft, soweit
ich warte so lange bis..
solang(e) er krank war...

spazieren gehen, das Spazierengehen
der spazieren gehende / spazierengehende Opa

außer**stande** / außer Stande sein
imstande / im Stande sein
instand / in Stand halten, setzen
zustande / zu Stande bringen, kommen

stark machen / starkmachen (stärken)
starkmachen (für etwas einsetzen)
stark bewacht / starkbewacht

staubsaugen / Staub saugen

stecken bleiben (im Stau)
stecken bleiben / steckenbleiben (in der Rede)

stehen bleiben (beim Grüßen)
stehen bleiben / stehenbleiben (die Uhr)
stehen lassen (das Auto)
stehen lassen / stehenlassen (sich abwenden)

Stelle, an erster / letzter Stelle
an Stelle / anstelle meiner Frau
stellenweise

still sein, werden, bleiben
im Stillen, der Stille Ozean
stilllegen (den Betrieb einstellen)
still liegen (ruhig liegen)
stillliegen (außer Betrieb sein)

Streifen, rote / blaue Streifen
blau, rot gestreift / blaugestreift, rot~

Strom sparend / stromsparend

stundenlang / eine Stunde lang

Sturm laufen, läuten

Tag, drei Tage lang, tagelang
zutage / zu Tage bringen, kommen
Guten / guten Tag sagen

tausend, tausend Dank
einige, mehrere, viele tausend / Tausend..., zu tausenden / Tausenden kommen

Teil, zum Teil, jedes Teil
teilhaben, teilnehmen, zuteilwerden

tief sein, tief schlafen
das Tief, die Tiefe
mit tief bewegter / tiefbewegter Stimme
tief greifende / tiefgreifende Maßnahmen, tiefgefroren, tiefgekühlt

tot sein, sich tot stellen
der / die Tote, das Tote Meer
totarbeiten, totfahren, totschlagen

treu sein, treu bleiben
treu ergebener, treuergebener Freund
treu sorgender / treusorgender Vater

trocken sein, werden
im Trock(e)nen sitzen
ins Trockene bringen (Schäfchen)
trocken wischen / trockenwischen

trüb, im Trüben fischen

übel, nicht übel sein
das Übel, nichts Übles
etwas sehr übel nehmen / übelnehmen
übel riechend / übelriechend

übrig sein, übrig bleiben

das, alles Übrige, im Übrigen
übrig haben (Geld), übrighaben (mögen)

umso mehr / weniger

das **Ungewisse**
im Ungewissen lassen

zu Ungunsten / zuungunsten

Unheil bringend / unheilbringend

unten sein, bleiben, nach unten
unten liegend / untenliegend
unten stehende / untenstehende Erklärung

untereinanderlegen
untereinander regeln

verloren gehen / verlorengehen
das verloren geglaubte / verlorengeglaubte Spiel

verschiedene Mal(e), Verschiedenes

viel, so viel, wie viel, zu viel
die vielen / Vielen, in vielem / Vielem
um vieles / Vieles
viel befahren / vielbefahren
viel beschäftigt / vielbeschäftigt
vielfach, das Vielfache

vier, vierzehn, vierhundert
die Vier, eine Vier würfeln
auf allen vieren gehen

voll sein / werden, voller Angst
aus dem Vollen schöpfen
in die Vollen gehen
ein voll besetzter / vollbesetzter Bus
vollbringen, vollenden, vollständig

voraus, vorausgehen
im Voraus, im Vorausgehenden

vorwärts, vorwärtskommen

vorweg, vorwegnehmen

wach sein, wach bleiben
wach liegen / wachliegen
wach werden / wachwerden

wahr sein, werden, bleiben
wahr machen / wahrmachen
wahrnehmen, wahrhaben, wahrsagen

warm sein, warm laufen
warm machen / warmmachen
warm werden / warmwerden

Wasser abstoßend / wasserabstoßend

Weg, zuwege / zu Wege bringen

weh, wehtun / weh tun
wehklagen wehleidig, wehmütig

weich sein, weich fallen
weich kochen / weichkochen
weich klopfen / weichklopfen (Steak)
weichklopfen (zum Nachgeben bringen)

weiß sein, schwarz auf weiß
das Weiß, die Farbe Weiß
das Weiße Haus, der Weiße Sonntag
weiß streichen / weißstreichen
weiß gekleidet / weißgekleidet

weit sein, weit fahren / gehen
weitgehend / weit gehend
weit reichend / weitreichend

weiter, weitergehen, weiterkommen
ohne Weiteres / weiteres
des Weiteren sagen, im Weiteren nennen

wenig, ein (klein) wenig, zu wenig
das wenige / Wenige, die wenigsten / Wenigsten, wenig gelesenes / weniggelesenes Buch

wesentlich, im Wesentlichen

wichtig sein, wichtig nehmen
alles Wichtige, etwas / nichts Wichtiges
sich wichtigmachen, sich wichtigtun

wie viel; wie viel kostet das?

wider, wider (gegen) meinen Willen
das Für und Wider
widerlegen, widerrufen, widersprechen

wieder, wieder (noch einmal) tun
wiederkommen, wiederholen
wieder anfangen, wieder einfallen
wiedersehen, wieder sehen (nach Operation)

wild sein, sich wild aufführen
das Wild, der Wilde Westen
wild lebende / wildlebende Tiere

wohl, das ist wohl das Beste
das Wohl, auf dein Wohl
wohlfühlen / wohl fühlen
wohlerzogen / wohl erzogen
wohltemperiert / wohl temperiert
wohltuend, wohlwollend

Zeit, von Zeit zu Zeit
zu jeder Zeit - jederzeit
zur Zeit (damals) - zurzeit (jetzt)
zeitsparender / Zeit sparender Weg
eine Zeit lang / Zeitlang warten

zueinander nett sein
zueinanderhalten, zueinanderkommen
zueinanderpassen / zueinander passen

zufrieden sein, werden, machen
zufriedenstellen, zufrieden stellen

zusammen sein, das Zusammensein
zusammenbleiben, zusammenfassen

zweite, im zweiten Stock
der Zweite, jeder Zweite
das Zweite Programm (ZDF)

Grundbegriffe der Grammatik (1)
Begriffe und Erklärung

① Wortbestandteile und Wortbausteine

	Beispiele
Ein Wort besteht aus **Buchstaben** oder **Lauten**	
Vokal (Selbstlaut) a, e, i, o, u	M**a**sch**i**n**e**
Konsonant (Mitlaut) b, c, d, f, g, ...	**M**a**sch**i**n**e
Umlaut ä, ö, ü	h**ä**ngen, l**ö**sen, h**ü**pfen
Doppellaut au, eu, ei, äu, ai	H**au**s, l**äu**ten, K**ai**ser, ...
Doppelvokal aa, ee, oo	H**aa**r, M**ee**r, B**oo**t
Doppelkonsonant ff, ll, mm, nn, tt, ...	Ko**ff**er, fa**ll**en, Mu**tt**er, ...
Silben bestehen aus zwei oder mehr Buchstaben.	Ma-schine
Es gibt einsilbige und mehrsilbige Wörter.	Ball, bunt; ge-hen, Te-le-fon
Vorsilben bei Verben, Nomen und Adjektiven	
be-, ent-, er-, ge-, miss-, un-, ur-, ver-, zer-	**be**sitzen, **ent**fernen, **Er**folg,
Vorsilben stehen als Anfangsbausteine vor dem Wortstamm.	**un**ruhig, **Ver**stand, **Zer**fall,
Sie verändern die Bedeutung des Wortes.	**ge**fallen - **miss**fallen
Nachsilben bei Nomen und Adjektiven	
Nomen: -heit, -keit, -nis, -ung	Gesund**heit**, Heiter**keit**,
Adjektive: -ig, -lich, -isch	Zeug**nis**, Prüf**ung**,
Nachsilben stehen als Endbausteine hinter dem Wortstamm.	spaß**ig**, herz**lich**, neid**isch**,
Sie zeigen an, ob ein Wort **groß-** oder **kleingeschrieben** wird.	Bewegung - beweglich
Wortstamm und **Wortfamilie**	
Der Wortstamm ist der Hauptbaustein eines Wortes.	Gericht, berichten, Richter
Mit Vorsilben und Nachsilben können neue Wörter **abgeleitet** werden. Wörter mit dem gleichen Wortstamm gehören zu einer **Wortfamilie**.	richtig, unrichtig, Nachricht

② Wortarten

❶ **Nomen/Substantive** (Namenwörter) geben die Namen von Lebewesen (Menschen, Tiere, Pflanzen) und Dingen an.	
Nomen schreibt man **groß**. Man unterscheidet dabei	
• männliches Nomen (Maskulinum)	(der) Mann, (der) Fisch
• weibliches Nomen (Femininum)	(die) Frau), (die) Blume
• sächliches Nomen (Neutrum)	(das) Kind, (das) Dorf
Mit Nomen benennen wir sichtbare (**konkrete** Nomen) und	Ball, Uhr, Bild, Baum, Apfel
unsichtbare Dinge (**abstrakte** Nomen).	Ruhe, Glaube, Erholung
Nomen können in der **Einzahl** (Singular) und in der	Mann, Frau, Maus
Mehrzahl (Plural) stehen.	Männer, Frauen, Mäuse
Zusammengesetzte Nomen	
Nomen können aus zwei oder mehr Wörtern zusammengesetzt sein. Dabei ist das erste Wort das **Bestimmungswort** und das zweite oder letzte Wort das **Grundwort**.	Fußball, Haustür, Hauptstadt Armbanduhr, Autobahnbrücke Anfangswortbaustein
Das **Grundwort** legt die Grundbedeutung des zusammengesetzten Nomens fest.	Buch
Durch das **Bestimmungswort** wird diese Bedeutung näher bestimmt.	**Wörter**buch, **Tier**buch, **Katzen**buch
Die Wortart richtet sich nach dem Grundwort.	Schnell**zug,** Süß**stoff**

Grundbegriffe der Grammatik (2)
Begriffe und Erklärung

Begriff und Erklärung	Beispiele
❷ **Artikel/Begleiter** (Geschlechtswort) Er begleitet das Nomen und gibt dessen Geschlecht an. Man unterscheidet den bestimmten und unbestimmten Artikel.	**der** Mann, **die** Frau, **das** Kind der, die, das - des, dem, den ein, eine, ein - eines, einer ...
❸ **Verb** (Zeitwort, Tätigkeitswort, Tunwort) Verben bezeichnen Vorgänge, Handlungen und Zustände. Sie sagen aus, wann etwas geschieht.	
Infinitiv (Nennform)	lachen, lernen, spielen
Konjugation (Beugung) des Verbs in verschiedene Zeiten	ich lache/lachte/habe gelacht
• **Präsens** (Gegenwart). Es geschieht gerade.	ich spiele, du liest, wir lachen
• **Präteritum** (1. Vergangenheit). Es geschah bereits.	er weinte, sie lernte, wir lachten
• **Perfekt** (2. Vergangenheit). Es ist gerade etwas geschehen. Das Perfekt wird gebildet mit dem gebeugten Hilfsverb „sein" oder „haben" und dem Partizip (Mittelwort) der Vergangenheit.	ich habe geweint, wir sind gegangen, ihr habt gelernt
• **Futur** (Zukunft). Es wird noch etwas geschehen.	ich werde gehen, du wirst sehen
❹ **Adjektiv** (Eigenschaftswort, Wiewort) Adjektive geben an, wie etwas ist und nennen die Eigenschaften von Nomen. Adjektive können gesteigert werden, wodurch Vergleiche möglich sind.	das Auto ist **schnell** das **schnelle** Auto, ein **blauer** Himmel
Grundstufe ⇨ Höherstufe (Komparativ) ⇨ Höchsstufe (Superlativ) schnell — schne**ller** als — am schnell**sten**	klein, kleiner als, am kleinsten laut, lauter als, am lautesten
Zusammengesetzte Adjektive Adjektive können wie Nomen aus zwei oder mehr Wörtern zusammengesetzt werden. Auch hier ist das zweite oder letzte Wort das **Grundwort**, das durch das **Bestimmungswort** näher bestimmt wird.	hellblau, dunkelblau, himmelblau kilometerlang, funkelnagelneu stecknadelkopfgroß
❺ **Pronomen** (Fürwort) Fürwörter können Namenwörter vertreten:	**er** (der Vater) ruft, **sie** (die Mutter) kommt
• **persönliche** Fürwörter (Personalpronomen)	ich, du, er, sie, es, wir, ihr, sie
• **besitzanzeigende** Fürwörter (Possessivpronomen)	mein, dein, sein, unser, euer, ihr(e)
• **hinweisende** Fürwörter (Demonstrativpronomen)	dieser, diese, jener, derjenige ...
❻ **Numerale** (Zahlwort)	
• **Grundzahlen** (Kardinalzahlen)	ein, dreizehn, zweihundert
• **Ordnungszahlen** (Ordinalzahlen)	der erste Januar, am vierten Tag
• **unbestimmte** Zahlwörter	einige, manche, viele, wenige
❼ **Adverb** (Umstandswort, Lagewort) Sie sagen uns, **wo**, **wann**, **wie** und **warum** etwas geschieht.	dort, oben, bald, damals, sehr, rechts, so, deshalb, nämlich
❽ **Präposition** (Verhältniswort) Präpositionen sind immer fest an ein Wort oder eine Wortgruppe gebunden und geben an, **in welchem Verhältnis** Wörter zueinander stehen.	Das Rad steht **vor** dem Haus. Vater und seine Freunde gehen **zum** Sport.
Häufig verwendete Präpositionen:	ab, an, auf, bei, bis, durch, mit, nach, über, unter, vor ...
❾ **Konjunktion** (Bindewort) Mit Konjunktionen können Wörter und Sätze miteinander verbunden werden.	Vater **und** Mutter, ich **oder** du. Er war froh, **als** alles vorbei war.
Häufig verwendete Konjunktionen:	und, aber, als, da, dass, denn, oder, weil, obwohl ...

Grundbegriffe der Grammatik (Überblick)

Lateinisch	Deutsch	Beispiele
Adjektiv, das	Eigenschaftswort	**schön**, **gut**, das **schnelle** Auto
Adverb, das	Umstandswort	
	• der Art und Weise	Sie läuft **schnell**. (Wie?)
	• des Grundes	... und **deshalb** kam er nicht. (Warum?)
	• des Ortes	Er geht nach **oben**. (Wo? Wohin?)
	• der Zeit	Er kommt **morgen**. (Wann?)
Akkusativ, der	Wenfall, 4. Fall	Der Schüler fragt **den Lehrer**.
Apostroph, das	Auslassungszeichen	Ist's gut so? Schiller'schen Gedichte
Apposition, die	Beisatz	Klaus, **mein bester Freund**, kommt noch heute.
Artikel, der	Geschlechtswort/Begleiter	der, die, das - ein, eine, ein
Attribut, das	Beifügung	der **siebte** Tag, ein **anhaltend** langer Beifall
Dativ, der	Wemfall, 3. Fall	Der Schüler schreibt **seinem Freund**.
direkte Rede, die	wörtliche Rede	Er fragte: „Gehst du mit?"
Femininum, das	weibliches Namenwort	**die** Frau, **die** Maus, **die** Freude, **eine** Uhr
Futur, das	Zukunft	Ich **werde** heute zum Sport **gehen**.
Genitiv, der	Wessenfall, 2. Fall	das Auto **meines Vaters**
Imperfekt, das	1. Vergangenheit	Ich **lachte** und **ging** schnell nach Hause.
indirekte Rede, die	nichtwörtliche Rede	Ich sagte ihm, dass ich **kommen würde (käme)**.
Infinitiv, der	Grundform des Verbs	lachen, gehen, singen
Interpunktion, die	Zeichensetzung	Ich weiß**,** dass du gehst**.** Wohin**?** Nein**!**
Grammatik, die	Sprachbetrachtung/-lehre	Lehre von Wörtern und Sätzen
Kasus, der	Fall	Nominativ, Genitiv, Dativ, Akkusativ
Komparativ, der	Höherstufe beim Adjektiv	schneller als, besser als
Konjugation, die	Beugung des Verbs	ich gehe, du gehst, wir gehen
Konjunktion, die	Bindewort	und, oder, als, weil, dass
Konsonant, der	Mitlaut	b, f, k, r, sch, w
Maskulinum, das	männliches Namenwort	**der** Mann, **der** Freund, **ein** Tisch
Nomen, das	Namenwort, Hauptwort	Wald, Sonne, Tier
Neutrum, das	sächliches Namenwort	**das** Kind, **das** Auto, **ein** Fahrrad
Nominativ, der	Werfall, 1. Fall	**Der Schüler** schreibt eine Probearbeit.
Numerale, das	Zahlwort	zwei, fünf, zwanzig; einige, manche, viele
Objekt, das	Satzergänzung	Ich lese **das Buch**. Das Buch gehört **mir**.
Partizip, das	Mittelwort	
Partizip Präsens	Mittelwort der Gegenwart	spielend, strahlend, lachend
Partizip Perfekt	Mittelwort der Vergangenheit	gelernt, gegeben, erlaubt, versteckt
Perfekt, das	2. Vergangenheit	Ich **habe gelacht**, er **ist gegangen**.
Plural, der	Mehrzahl	die Häuser, wir springen
Prädikat, das	Satzaussage	Der Vogel **fliegt**.
Präposition, die	Verhältniswort	an, auf, hinter, über, unter, vor
Präsens, das	Gegenwart	ich **lache**, du **erzählst**, wir **singen**
Pronomen, das	Fürwort	**Ich** gebe **dir mein** Buch.
Relativpronomen, das	rückbezügliches Fürwort	der Mann, **der** (**welcher**) ..., das Kind, **das** (**welches**) ...
Singular, der	Einzahl	das Haus, er springt
Subjekt, das	Satzgegenstand	**Er** schwimmt im See. **Das Feuer** brennt hell.
Substantiv, das	Namenwort, Hauptwort	Vater, Katze, Frieden, Stärke
Superlativ, der	Höchststufe beim Adjektiv	am schnellsten, am besten, am sichersten
Verb, das	Zeitwort	lachen, gehen, singen
Vokal, der	Selbstlaut	a, e, i, o, u; ä, ö, ü (Umlaute); au, äu, ai, ei, eu (Doppellaute)